图目录

表目录

内容提要

劳动契约是现代经济体系中最重要的契约之一，劳动契约的直接当事人是企业与工人，工人的行为是影响劳动契约效率的关键变量，而工人的行为又受多种因素影响，尤其是随着中国人口红利的结束、刘易斯拐点的出现，雇佣保护和最低工资等制度安排陆续被纳入了劳动立法。

关于劳动制度安排对劳动契约当事人行为的作用机制，不同的理论假设有不同的结论，笔者在社会偏好的视角下，以偏好异质性作为基本假设，使用比较制度实验方法研究雇佣保护、最低工资与劳动契约当事人行为的关系。本书在以下几个方面有所创新：

1. 率先使用比较制度实验方法探索雇佣保护和最低工资制度对劳动契约当事人行为的影响。新《劳动合同法》强化了雇佣保护，引起了广泛的争议，但这些研究主要是学者基于法学意义上的逻辑推断。本书的研究塑造了雇佣保护的微观经济系统，可直接观察雇佣保护下当事人的行为；最低工资制度的本意是提高工人的谈判能力，保障其基本福利，现有的研究主要用实证数据分析最低工资的就业效应和福利效应，但最低工资本身的制度效应并没有被关注，如最低工资的水平与工人谈判能力的关系等，本书用实验经济学的方法测度了最低工资的制度效应等。

2. 发现雇佣保护制度挤出了工人的社会偏好和企业的长期契约偏好。制度的有效性在于它的激励方向与当事人行为偏好的互补性，有些制度安排的运行情况与制度设计者所追求的效果恰恰相反，这是因为制度设计忽略了激励相容和参与约束。本书通过比较制度实验的行为分析，发现中国新《劳动合同法》的雇佣保护制度对工人的社会偏好和企业的长期契约偏好具有挤出效应，这为中国《劳动合同法》的修改提供了行为指导。

3. 将劳动契约的不完全性和保留工资等结合在一起进行实验研究，提高了实验检验的有效性和全面性，发现最低工资制度维持了工人的社会偏好。现有最低工资的实验研究主要是国外一些学者以发达市场经济为背景的研究，针对中国背景的最低工资实验研究还没有展开，国外学者的实验研究也没有将契约不完全性和工人的保留工资等纳入统一的实验框架。本书针对中国的最低工资制度将契约的不完全性和保留工资等纳入统一的实验研究框架，有针对性地考察了中国被试对最低工资制度的行为反应，发现了诸如最低工资制度与社会偏好的促进现象等。

本书包括文献梳理、模型构建和实验研究三部分，共六章，其中第二章是文献梳理，第三章是模型构建，第四、五章是实验研究。

第二章从不同的劳动制度研究范式出发，分别从新古典框架和社会偏好视角对雇佣保护和最低工资制度以及劳动契约行为的文献进行了梳理，同时研究了制度对社会偏好的挤出和互补文献。

第三章沿着费尔（Fehr）公平理论的思想，构建了劳动契约模型，提取了异质偏好、雇佣保护、最低工资和劳动契约行为的理论参数，建立了劳动过剩（短缺）、公平（自利）偏好、最低工资、雇佣保护和工人努力水平不同关系的命题，奠定了实验研究的基础。

第四章在基础实验的基础上，开展了禁止解雇、有成本解雇等实验研究，检验《劳动合同法》有关雇佣保护条款与契约当事人行为的关系，发现：（1）雇佣保护影响企业的合同期限选择，在存在合同期限雇佣保护的情况下，企业不倾向与工人签订无固定期限的长期劳动合同；（2）相对于不可解雇的长期合同，可解雇的长期合同促使工人提供更高的努力水平；（3）企业提供的工资水平随时间变化而趋向平稳，工人提供的努力水平随时间变化而降低；（4）合同期限限制与就业效率呈弱相关，但是降低了契约效率；解雇威胁提高了契约效率和就业效率。

第五章在基础实验的基础上，开展了最低工资、废除最低工资等实验研究，发现：（1）最低工资制度提高了工人的实际工资；（2）最低工资制度提高了工人的保留工资，但在最低工资制度被废除后，保留工资又恢复到原有水平；（3）最低工资制度降低了就业水平，提高了契约效率；（4）最低工资制度降低了企业的收益水平；（5）最低工资制度维持了工人的社会偏好。

本书使用比较制度实验探索了雇佣保护和最低工资等劳动制度与社会

偏好之间的相互作用，以及它们的劳动契约当事人行为的交互影响，对于如何利用社会偏好来构建和谐的劳动关系、设计和谐的劳动契约具有一定的理论意义，也为监管部门劳动政策的制定提供了一些可资借鉴的信息支撑。

关键词：雇佣保护　最低工资　劳动契约　行为　比较制度实验

Abstract

Labor contracts are the most important contracts in the modern economic system. Direct parties in a labor contract include firms and workers. Workers' behavior influenced by several factors is the key variable affecting labor contract efficiency. With the end of the demographic dividend and the appearance of Lewis Turning Point, Chinese government begins to issue employment protection law and minimum wage law.

On operating mechanisms of labor institutional arrangement toward labor contract parties' behaviors, different conclusions have been drawn under different assumptions. From the perspective of social preference, this dissertation studies effects of employment protection and minimum wage on labor contract behaviors by means of comparative institutional experiments based on preference heterogeneity assumption. Innovations in this paper are listed below.

1. This dissertation first explores employment protection and the minimum wage's effects on labor contract behaviors based on comparative institutional experiments. The implementation of new *employment contract law* leads to debates on employment protection, but these studies are based on logical deduction. This dissertation constructs a micro-economic system of employment protection, so labor contract behaviors can be observed directly. The purpose of the minimum wage is to increase workers' ability to bargain and safeguard workers' basic welfare. Existing studies analyze employment effects and welfare effects of the minimum wage, but institutional effects of the minimum wage are not involved. This dissertation tests institutional effects of the minimum wage with experimental methods.

2. This dissertation finds that employment protection crowds out social

preference of workers and long-term contracts preference of firms. The validity of institutions depends on the complementarity between incentive direction and parties' behavior preference. Some institutions' operational effects contrast to the purpose, because designers ignore incentive compatibility and individual rationality. This dissertation finds that employment protection in new *employment contract law* has crowding-out effects on social preference of workers and long-term contracts preference of firms, which provides behavioral guides to modification of *employment contract law*.

3. This dissertation designs an experiment that includes both incompleteness of labor contracts and reservation wages, and improves effectiveness and comprehensiveness of experimental tests. Furthermore, this dissertation finds that the minimum wage sustains workers' social preference. Most existing studies on the minimum wage are based on developed market economics, while studies based on Chinese economy have not been developed. Moreover, existing studies have not considered incompleteness of labor contracts and reservation wages together. This dissertation designs an experiment that includes both incompleteness of labor contract and reservation wages based on Chinese economy, and tests Chinese subjects' response to the minimum wage.

This dissertation consists of six chapters. The second chapter is literature review. The third one is modeling. Experimental tests are described in the fourth and fifth chapters.

The second chapter starts from different labor institution research paradigm, and reviews literatures on employment protection, the minimum wage and labor contract behaviors from the perspective of classical framework and social preferences respectively, as well as literatures on crowding-out and crowding-in between institutions and social preferences.

Following the thoughts of equity theory by Fehr, the third chapter designs a simple labor contract model, analyzing theoretical parameters of preference heterogeneity, employment protection, the minimum wage and contractual behaviors. This dissertation demonstrates corresponding theoretical propositions, which lays a theoretical base for experimental tests.

In the fourth chapter, three types of labor markets are designed to explore effects of employment protection on contracting parties' behaviors. Experimental results show: (1) employment protection affects the firms' choices of contract term, that is firms prefer medium-term employment contract than open-ended employment contract; (2) in contrast to open-ended employment contract without firing, open-ended employment contract with firing can stimulate workers to contribute more efforts; (3) wages stably change over time; efforts decrease over time, and firing threat can stimulate workers to contribute more efforts; and (4) there is weak correlation between open – ended employment contract and employment, but contract efficiency decreases; firing threat can improve contract efficiency and employment.

In the fifth chapter, behavior effects of minimum wages are tested. Three types of experiment treatment are designed, and experimental results show: (1) the minimum wage increases real wages; (2) the minimum wage increases reservation wages, but removal of the minimum wage restores reservation wages to its previous state; (3) the minimum wage reduces employment and improves contract efficiency; (4) the minimum wage reduces firms' payoff; and (5) the minimum wage maintains social preferences of workers.

By comparative institutional experiments, this dissertation explores the interaction between labor institutions such as employment protection and the minimum wage and social preference, as well as the interaction on labor contract behaviors. The exploration of interaction attempts to give significant theoretical insight as to how to build harmonious labor relations and design harmonious labor contracts using social preference. Furthermore, it also provides information support for the labor policy formulation by related regulatory departments.

Key Word: Employment Protection   Minimum Wage   Labor Contract   Behaviour   Comparative Institutional Experiment

第一章　绪论

劳动是最重要的生产资料，使用劳动这种生产资料必须进行补偿，补偿须遵循等价交换的原则，而劳动的等价交换则通过劳动契约来进行。在劳动契约关系中，直接当事人是企业与工人，但企业与工人的收益函数是不同的，企业希望支付的越少越好，而工人则希望挣得越多越好。劳动定价的关键在于契约当事人的谈判能力，政府等第三方的制度性介入可以改变当事人的谈判能力。新《劳动合同法》实施以后，中国加强了对劳方权益的保护，雇佣保护和最低工资制度就是两种主要的劳动保护制度。本书从《劳动合同法》实施后出现的问题出发，探索雇佣保护和最低工资制度对劳动契约当事人行为的影响。本章的结构安排如下：第一节提出拟研究的问题；第二节是本书的主要研究内容和研究方法；第三节是本书的技术路线及存在的创新和拓展。

第一节　问题的提出

在改革开放以前，中国实行社会主义全民就业体制，本质上没有劳动力市场，户籍制度将人们限制在当地，人口在地区之间、城乡之间的流动受到严格限制。政府劳动管理部门将劳动者分配到国有企业、事业单位等组织，企业管理者几乎没有雇佣、解雇工人和决定工资的权力，国家等级体系决定着工人的工资。在全民就业体制下，既然没有劳动力市场，也就不需要那些规范劳动力市场行为的劳动制度。

随着中国实施改革开放政策，各种经济形式开始出现。三资企业、民营企业等非国有经济形式逐渐成为中国经济的重要力量，在许多领域和地区，非国有经济已经成为国民经济的主要形式。在非国有经济中，企业采取市场机制确定劳动者的报酬，同时，国有企业也开始参照市场机制确定雇员的工资。

基于庞大的人口基数和劳动力剩余优势，自改革开放以来，中国一直是采取低工资体制来支撑经济发展的，随着人口红利的逐步消失，"刘易斯拐点"开始出现，劳动力优势开始弱化，中国已经不能再依靠低工资体制来支撑经济发展了。

在现代社会化生产中，企业规模越来越大，特别是在现代大型制造业企业的架构下，单个工人的议价实力几乎为零，劳动力价格的决定权越来越向雇主方倾斜。1990—2007 年，劳动者报酬占 GDP 的比重从 53.4% 降至 39.74%。① 劳动者报酬占 GDP 比重的不断下降，意味着资本收益分成的比例在上升，劳动者的谈判议价能力在下降。

在这种情况下，如何保障劳动者的权益——特别是在三资企业、民营企业中劳动者的权益——促进社会经济和谐、持续发展，成为各界日益关注的问题。为了维护劳动者的合法权益，建立和谐的劳动关系，国家开始出台各种劳动制度，以约束企业的权力，提高劳动者的谈判能力和地位。目前主要的劳动制度包括雇佣保护制度、最低工资制度、工会制度、社会保障制度等②，其中影响最大的是雇佣保护制度和最低工资制度。

中国劳动制度的实施时间较短，最低工资制度从 2004 年开始实施③，比较严格的雇佣保护制度自 2008 年开始实施。④ 自劳动制度开始实施以来，各种对立的观点就不断出现。在诸多争论中，法学专家常凯和董保华针锋相对的观点具有代表性（唐跃军、赵武阳，2009），常凯（2008）认为，保护劳动者的劳动制度将有助于增加劳动保障、提高劳动者对企业的认同、促进中国的产业转型，从而实现劳动者、企业和国家的"三赢"，常凯观点同盟包括政府高层、与政府联系紧密的全国总工会等；董保华（2007）则认为，保护劳动者的劳动制度将增加失业、降低企业利润并最终葬送改革成果，从而导致劳动者、企业和国家的"三输"，董保华观点

---

① 《中国行业收入差距全球居首 劳动报酬占 GDP 比重逐年下降》，2011 年 2 月 11 日，世华财讯（http：//content. caixun. com/CX/01/dp/CX01dplb. shtmhttp：//content. caixun. com/CX/01/dp/CX01dplb. shtm）。

② 本书讨论的劳动制度主要是指保护劳动者权益的劳动制度。

③ 以前的最低工资规定都是地方性的，全国性的最低工资规定 2004 年才出台。中国以前年度的最低工资标准一直相对偏低，调节分配的作用不是很明显。

④ 2008 年 1 月 1 日实施的《劳动合同法》加强了雇佣保护。

同盟包括张五常、张维迎、张欣等部分经济学家，企业界人士则有人大代表张茵等。

在国际上，关于劳动制度的作用同样存在着很大的争议。从理论分析角度，存在着劳动制度降低经济效率、提高经济效率和不影响经济效率等不同的观点；从实证研究角度，有一个比较一致的结论是：劳动制度对降低收入不平等具有重要作用，而对就业、失业等的影响，并没有一致的结论。

关于劳动制度的作用，之所以会产生差异巨大甚至对立的观点，主要是因为两点：一是制度的相互作用问题；二是劳资双方的偏好假设问题。

在现实世界中，一项制度不可能独立存在，必然会与其他各项制度相互影响、相互依赖，而一项制度的实施需要一定的传导机制，实施效果具有一定的滞后性，因此，在不同的经济社会环境中，同一项制度可能会产生完全不同的结果。由于实际数据是各种制度叠加的结果，分离一项制度的实际作用几乎是不可解决的难题，因此不同的研究得出不同的结论也是一种必然结果。

在当代，新古典经济学理论仍然是主流的经济学理论，基本宏观政策的理论基础一般是新古典经济学。新古典经济学理论是建立在自利偏好、理性人假设的前提之上的，但是，新古典理论的自利偏好、理性人假设受到了很大程度的质疑，费尔（Fehr）等人发展的社会偏好理论在劳动力市场中已经占有越来越重要的地位。费尔等人的研究发现，人们的偏好并不是同质的，而是异质的，有的人是自利偏好的，有的人是社会偏好的，有的人则处于中间状态，并且个体的偏好是环境依赖的。

具体的劳动制度往往与其他各项制度相互影响，在短时间内也难以用实践数据检验某项劳动制度的优劣程度，况且，作为制度层面上的劳动制度和政策要保持一定的稳定性和连续性，不可能随意地、频繁地改变劳动制度，因此，用实践检验一项制度优劣的成本是巨大的。这样，在劳动制度实施以前，就需要对劳动制度的适应性进行检验。此外，从理论角度看，许多劳动制度能够维持稳定不仅仅依赖当事人之间自利动机的相互制衡，还依赖当事人的公平、互惠等社会偏好。那么，在劳动契约当事人偏好异质、雇员努力程度不可验证和重复交往的劳动力市场中，将自利偏好作为研究的假设基础是否合适？如果考虑社会偏好的作用，劳动制度会怎么影响雇佣双方的行为？这构成了本书研究的出发点。

第二节 研究内容与研究方法

一 研究内容

基于上面提出的问题，本书的主要研究内容如下：

在第二章里，首先分析了自利偏好假设、社会偏好假设下的各种劳动制度研究范式，作为后续文献综述的脉络。其次对新古典框架下的雇佣保护和最低工资文献、社会偏好视角下的劳动契约行为文献以及制度对社会偏好的挤出和互补文献进行了综述。

在第三章里，笔者沿着费尔的公平理论思想，构建劳动契约模型，对异质偏好劳动契约当事人的单次劳动契约行为、重复劳动契约行为、雇佣保护和最低工资制度下的劳动契约行为进行了理论分析，论证了相应的理论命题，并重点分析了雇佣保护、最低工资等劳动制度对劳动契约当事人行为的影响。

在第四章里，本书设计了一个带有雇佣保护制度的实验劳动力市场，使用比较制度实验方法检验雇佣保护制度对劳动契约当事人行为的影响。雇佣保护制度是国际通行的一项重要的劳动保护制度，中国《劳动合同法》中的无固定期限劳动合同规定就是一项典型的雇佣保护制度。为了检验这种雇佣保护制度对劳动契约当事人行为和偏好的影响，本书设计了基础实验、禁止解雇实验和有成本解雇实验等实验，使用严格的实验室实验方法，对不同程度的雇佣保护制度进行了实验检验，探讨了雇佣保护制度对劳动契约当事人行为的影响及对社会偏好的挤出与互补作用。

在第五章里，本书设计了一个带有最低工资制度的劳动力市场，使用比较制度实验方法检验了最低工资制度对劳动契约当事人行为的影响。在提高劳动者权益的劳动制度体系中，最低工资制度已经成为最常使用的劳动制度，而最低工资制度也是引起争论较多的劳动制度。沿着现有的最低工资实验研究，本书将契约的不完全性和工人保留工资等结合在一起，设计了基础实验、实施最低工资实验、废除最低工资实验等，对最低工资制度进行了比较制度检验，探讨了最低工资制度对劳动契约当事人行为的影响及对社会偏好的挤出与互补作用。

第六章是本书的研究结论及研究展望。

二　研究方法

本研究使用行为博弈理论和比较制度实验研究方法对雇佣保护、最低工资的劳动契约行为影响进行了研究。

（一）比较制度实验方法

比较制度实验为我们考察各种劳动制度提供了一个合适的研究框架。按照弗农·史密斯[①]（1982）的观点，一个微观实验经济系统 S 由两个方面构成：结构向量 e 和制度向量 I。经济学/管理学实验被定义为系统的结构设置和制度设置到系统绩效 P 之间的映射，与规范研究和实证研究不同的是，系统设置到系统绩效之间的映射依靠实验被试在受控实验环境下的行为 B 来传导，所以实验研究的一般性范式可以表达为：

$$\left.\begin{array}{c} e \\ I \end{array}\right\} \to B \to P$$

在严格控制的实验室实验中，保持结构设置不变，当仅对系统的制度设置作出我们感兴趣的调整时，如将 I 变为 I'，如果系统绩效 P 通过被试行为的传导也发生了相应的改变，如变为 P'，那么比较 P 和 P'，我们就可以得出在两种不同制度安排下 I 和 I' 的经济效率。

比较制度实验研究的一个关键优势在于：在建立一个实验室微观经济系统的同时，也就确定了该系统所可能实现的帕累托最优交易剩余，从而具有了进行交易制度效率比较的基准，可以对各种制度安排进行效率比较。对于一项特定的制度，其实验市场效率为：

$$制度效率 = \frac{市场制度实际实现的市场剩余}{潜在的帕累托最优市场剩余} \times 100\%$$

在相同的市场结构中，哪个制度实现的市场剩余高，哪个制度的效率也就越高（李晓义，2009）。

比较制度实验是研究劳动制度的重要工具，制度外生性可能是研究制度经济效果的实验室实验最重要的优势。例如，就最低工资制度来说，通过实验室实验可以观察最低工资制度实施前的劳动力市场，以及

[①]　2002 年诺贝尔经济学奖获得者，为实验经济学的创立、发展和完善作出了重要的贡献。

在其他变量保持不变的情况下，外生实施最低工资制度后的劳动力市场，而现实世界中的制度往往是内生的。出于政治考虑而实施的经济政策可以减缓内生性问题，但是远没有达到实验室实验所提供的纯外生性条件要求。

实验室实验的另一个关键优势是控制关键经济环境特点的无与伦比的能力。实验室实验可以控制信息条件、技术、市场结构和经济基本原则的趋势，控制有助于处理制度研究中重要的挑战性问题。实验室实验也使得在个体水平上观察制度对行为的影响成为可能，因而可检验理论预期，而在实际数据中，微观行为的变化必须自总体结果中推断而出。

（二）行为博弈理论

行为博弈理论是在放松经典博弈理论的基本假设基础上发展起来的研究方法，经典博弈理论的完全理性、自利偏好等基本假设在现实中几乎难以满足，行为博弈理论修正了经典博弈理论的自利偏好、标准信念和完美决策能力假设，提出了非标准偏好、非标准信念和非标准行为假设。行为博弈分析方法不仅仅考虑参与人的自利偏好行为，也考虑参与人的互惠、公平等社会偏好行为。使用行为博弈分析方法对经济行为进行分析研究，可以对经济现象进行更符合实际的分析和预测，为经济决策提供有益的依据。

本书从社会偏好的视角关注雇佣保护、最低工资制度对劳动契约当事人行为的影响。在本书的研究视角下，基本偏好假设是人们的异质偏好，而不是自利偏好。因此，在异质偏好假设下，使用经典博弈理论进行行为分析就不合适了，而行为博弈理论由于考虑了人的互惠、公平等社会偏好行为，可以更适合作为本书研究问题的理论分析工具。

第三节　技术路线与创新

一　技术路线

图 1.1 是本书的技术路线图，也是本书的指导框架。本书的核心部分主要分为三个层次：文献梳理、模型构建和实验研究。

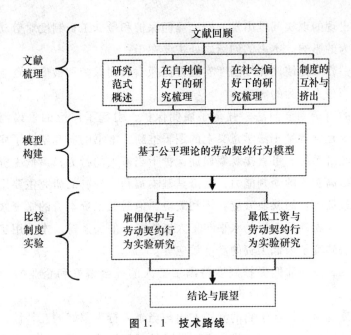

图 1.1　技术路线

　　本书从不同的劳动制度研究范式出发，对新古典框架和社会偏好视角下的雇佣保护、最低工资以及劳动契约行为研究文献进行了梳理，并分析了显性制度对于社会偏好的挤出与互补作用，这是本书研究的文献基础。

　　本书以费尔等人的公平理论为基础，构建了一个简单的劳动契约模型，从理论上分析了在异质偏好环境下雇佣保护制度和最低工资制度对劳动契约行为的影响，论证了相应的理论命题，这成为后续实验研究的理论基础。

　　实验研究是本书的核心部分，笔者设计了相应的实验设置，在第四章和第五章里分别对雇佣保护制度和最低工资制度下的劳动契约行为进行了实验检验。

　　最后是本书的研究结论与研究展望。

二　创新与拓展

　　改革开放三十多年来，基于庞大的人口基数和劳动力剩余优势，中国一直采取低工资体制来支撑经济的发展，劳动者的权益保护比较弱化。直到新的《劳动合同法》的实施，才开始重视劳动者权益保护问题，但是在实施过程中，出现了一些不协调、不和谐问题，本书从《劳动合同法》

实施后出现的现实问题出发，研究雇佣保护和最低工资制度对劳动契约当事人行为的影响。本书的创新之处主要在于：

第一，率先使用比较制度实验方法探索雇佣保护和最低工资制度对劳动契约当事人行为的影响。

新的《劳动合同法》强化了雇佣保护，引起了广泛的争议，但这些研究主要是学者基于法学意义上的逻辑推断，本书的研究塑造了雇佣保护的微观经济系统，可直接观察雇佣保护下当事人的行为；最低工资制度的本意是提高工人的谈判能力，保障其基本福利，现有的研究主要用实证数据分析最低工资的就业效应和福利效应，但最低工资本身的制度效应并没有被涉及，如最低工资的水平与工人谈判能力的关系等。本书用实验经济学的方法测度了最低工资的制度效应等。

第二，发现雇佣保护制度挤出了工人的社会偏好和企业的长期契约偏好。

制度的有效性在于它的激励方向与当事人行为偏好的互补性，有些制度安排的运行情况与制度设计者所追求的效果恰恰相反，这是因为制度设计忽略了激励相容和参与约束。本书通过比较制度实验的行为分析，发现中国新《劳动合同法》的雇佣保护制度对工人的社会偏好和企业的长期契约偏好具有挤出效应，这为中国《劳动合同法》的修改提供了行为指导。

第三，将劳动契约的不完全性和保留工资等结合在一起进行实验研究，提高了实验检验的有效性和全面性，发现最低工资制度维持了工人的社会偏好。

现有最低工资的实验研究主要是国外一些学者以发达市场经济为背景进行的研究，针对中国背景的最低工资实验研究还没有展开，国外学者的实验研究也没有将契约不完全性和工人的保留工资等纳入统一的实验框架。本书针对中国的最低工资制度，将契约的不完全性和保留工资等纳入统一的实验研究框架，有针对性地考察了中国被试者对最低工资制度的行为反应，发现了诸如最低工资制度与社会偏好的促进现象等。

本书研究还存在如下可能的拓展：

第一，随着不同偏好类型的行为人占据主导地位，相同的外生劳动制度可能会产生不同的结果。社会偏好类型行为人占群体的比例达到何种程度，实施雇佣保护、最低工资等劳动制度的经济后果会发生逆转？虽然在

第三章的理论模型分析中，笔者对这些问题进行了初步的分析，但是采用比较制度实验的方法检验相关阈值，验证理论分析结果，是本书研究的一个可能的拓展。

第二，按照社会偏好理论的研究，行为人的偏好类型是异质的，而且不是完全不变的，行为人的偏好类型会随着外在制度环境的变化而发生相应的变化，它与制度环境是相互影响、演化的。因此，利用演化博弈建模手段，厘清偏好和劳动制度是如何发生演进的以及它们之间是如何交互影响的，深入探讨如何利用社会偏好和激励层次来构建和谐的劳动关系、设计和谐的劳动契约，应是本书研究的一个可能拓展。

第三，雇佣保护、最低工资等劳动制度属于法定约束范畴，企业只能无条件执行，没有回旋的余地，而选择什么样的激励契约形式则属于企业的权力范畴。借助于一系列成熟的实验技术，在实验室内构建雇佣保护、最低工资等法律环境下的不同劳动契约实验设置，比较不同法律制度下各种可行激励契约的效率，进而选择适合企业的相对较优的激励契约，也是本书研究可能的拓展。

第二章 文献综述

科斯（1937，1960）认为，企业是生产要素及其所有者之间契约的总和，其中，正是劳动契约区别于产品契约的特殊性，成为企业存在的根源（周其仁，1996）。劳动契约关系的直接当事人是企业与工人，企业与工人的收益函数不同，他们之间既有利益冲突又有共同利益，工人希望获得更多的收益，而企业则希望支付的越少越好，企业与工人之间是一种合作博弈关系。在劳动力市场上，大量企业和工人经过相互博弈，形成一个均衡解，这就是市场均衡工资。

在自由签约的条件下，劳动契约的签订和结束都基于企业与工人的自愿，但是这种"契约退出自由"的实质取决于对生产性资源的处置权，而对于最重要的生产性资源——资本，工人往往并不占有。如果工人选择退出劳动契约，可能会面临失业的危险，因此，这种"退出自由"并不是一种对等的自由（卢周来，2007）。企业因为掌握资本，具有较强的议价谈判能力，而工人的议价谈判能力则弱得多，此时，政府等第三方的制度性介入，对保证劳动契约的公平性就显得非常必要。

政府等第三方可以通过制定一些劳动制度安排，以改变劳资双方的谈判能力，进而影响双方的收益及经济后果。政府等第三方的制度性介入使得劳资双方的谈判能力发生改变，合作博弈均衡也就发生了移动，形成了新的均衡工资。在众多的劳动制度中，雇佣保护和最低工资制度是最重要的两种劳动制度。

本章关注雇佣保护和最低工资制度的研究文献。第一节通过构建一个简单的劳动契约模型，分析自利偏好与社会偏好下的劳动制度研究范式，作为后续文献梳理的脉络；第二节对新古典框架下劳动制度研究文献进行综述；第三节对社会偏好视角下的劳动契约文献进行综述；第四节综述外生制度对社会偏好的挤出作用与互补文献。

第一节　劳动制度研究范式概述

一　劳动契约关系模型

费尔、克奇斯特杰和里德尔（Fehr, Kirchsteiger & Riedl, 1993）使用礼物交换博弈模型形象地再现了劳动契约关系的基本特征①，本书沿着费尔等人的思路，构建劳动契约基本模型，厘清有关当事人及其收益函数，为文献梳理搭建架构平台。

企业（F）向工人（W）提供一个劳动契约要约 $[w, \bar{e}]$，其中，w 是企业承诺提供的工资，$\bar{e}$ 是企业希望工人提供的努力工作程度。工人可以选择接受契约要约，也可以选择拒绝。如果工人拒绝接受契约要约，则双方的交易终止，企业没有任何交易收益，工人获得失业收益；如果工人接受契约要约，那么在企业和工人之间就形成了一个有约束力的契约，在这个契约中，企业支付的工资 w 是具有强制约束力的，无论工人的努力水平如何，企业都必须按照契约约定的工资进行支付。

在契约执行过程中，工人需要确定一个努力水平 $e \in [\underline{e}, \bar{e}]$，工人提供努力是有成本的，并且努力水平越高，工人付出的成本就越高，工人的努力成本用 $c(e)$ 表示：

$$c(\underline{e}) = 0, c(e) > 0, c'(e) > 0, c(e) > 0 ②$$

工人实际选择何种水平的努力程度，取决于工人的意愿，企业能够观察到工人的努力水平，如果工人的努力水平可以被像法院这样的独立第三方所验证，企业与工人之间的劳动契约就是一个完全契约；如果工人的努力水平不能被第三方所验证，或者验证的成本太高以至于不值得验证，企业与工人之间的劳动契约就是一个不完全契约。

企业从此项雇佣交易中获得的收益为：

$$\pi_F = \begin{cases} v(e) - w & \text{如果签订契约} \\ 0 & \text{如果没有签订契约} \end{cases}$$

工人获得的收益是：

---

① 相对于其他博弈模型，礼物交换博弈可以更好地模拟劳动契约关系，该博弈模型是费尔（Fehr）等人在 1993 年首次引入劳动力市场实验中的。

② 该假设意味着工人提供最低努力水平所付出的成本为 0，但是随着努力水平的提高，其需要付出的成本相应增加，而且付出成本增加的幅度要大于努力水平增加的幅度。

$$\pi_W = \begin{cases} w - c(e) & \text{如果签订契约} \\ a & \text{如果没有签订契约} \end{cases}$$

其中，$v(e)$ 表示工人的努力程度为 e 时为企业带来的收益，$v(e) > 0$，$v'(e) > 0$，a 是工人的失业收益。

$e^{FB} > \underline{e}$ 表示最优效率努力水平，这个努力水平使得交易剩余 $(v(e) - c(e))$ 最大。

如果企业雇用多名工人，企业的价值函数为：

$$u = f(v(e), n) - nw^{①}$$

其中，企业雇佣工人满足边际递减规律，即 $f_n' > 0$，$f_n'' < 0$。

二 新古典框架下劳动制度与劳动契约行为

通过对阿罗—德布鲁一般均衡理论假设的放松，企业理论分化出完全契约理论与不完全契约理论不同的理论分支，但是，完全契约理论与不完全契约理论仍然沿袭了新古典经济学自利理性人、偏好稳定、预期效用等基本假设。

（一） 一般均衡分析

新古典经济理论的基本假设是市场参与人的完全理性、完全信息、契约无成本执行。在这样的假设下，任何劳动契约既是契约当事人要价的结果，又是市场交易的均衡点。新古典理论下的劳动契约不再考虑古典契约中的伦理道德因素，变成了市场自然秩序的结果。在新古典劳动契约中，与契约有关的所有事项都能够在事前明确地无成本地确认，在事后都可以无成本地完全执行。如果发生纠纷，像法院这样的独立第三方可以无成本地强制其实施。

在新古典框架下，一旦签订劳动契约，工人就不能偷懒，必须按照契约约定的努力水平进行工作，而企业从工人劳动中所获得的价值也是确定的，这样，按照新古典的一般均衡理论，企业选择的雇佣数量使得工人的边际价值等于边际成本，也就是：

$$u_n = f'(v(e), n) - w = 0$$

也即

$$f'(v(e), n) = w$$

---

① 假设企业支付相同的工资率。

当工人创造的边际收益等于企业支付的工资时，企业的收益值最高，同时实现了经济效率的帕累托最优。

如果考虑外生引进提高工人议价谈判能力的劳动制度，假设该劳动制度可以使得工人的均衡工资变为 $w' = w + s$，那么，企业的收益函数变为：

$$u' = f(v(e), n) - n(w + s)$$

按照最优化条件，企业将在下列条件下选择雇佣决策：

$$u_n' = f'(v(e), n) - (w + s) = 0$$

由于企业的价值函数是边际递减的，显然，在该劳动制度实施以后，企业的雇佣数量较以前降低了，整个社会的产出也降低了。

（二）契约理论

按照亚当·斯密的设想，市场这只"看不见的手"在理想状态下能够有效配置资源，但是，现实世界中显然不能满足完全理性经济人、完全信息的基本假设。在现实世界中，总是存在像不完全竞争、不完全信息、有限理性等各种各样的情况，使得市场机制不能有效实现资源配置而发生市场失灵现象。一些经济学家通过放松新古典经济学的基本假设，逐步发展形成契约理论，契约理论主要有两个分支：完全契约理论（主要是委托—代理理论）；不完全契约理论。[①]

威尔逊（Wilson，1969）、斯宾塞和泽克豪泽（Spence & Zeckhauser，1971）、罗斯（Ross，1973）、莫利斯（Mirrless，1974，1976）、霍姆斯特姆（Holmström，1979，1982）、格罗斯曼和哈特（Grossman & Hart，1983）等通过放松完全信息假设，创立和发展了完全契约理论。完全契约理论是建立在非对称信息博弈论基础上的，按照非对称信息的性质，可以划分为信息发生时间的不对称和信息内容的不对称。按照信息发生的时间划分，可以分为事前非对称和事后非对称，研究事前非对称信息博弈的模型称为逆向选择模型，研究事后非对称信息的模型称为道德风险模型。按照非对称信息的内容划分，如果非对称信息是指参与人隐藏行为，则为隐藏行为模型；如果非对称信息是指参与人隐藏知识，则为隐藏知识模型。

---

① 按照威廉姆森（Williamson，2002）的观点，契约理论应包括委托—代理理论、不完全契约理论和交易成本理论。委托—代理理论在一定程度上等同于完全契约理论，这三个分支都是解释公司治理的重要理论工具，它们之间不存在相互替代的关系，而是相互补充的关系。

由于经济人的有限理性以及存在的交易费用,实际经济中的契约不可能是完全契约。梯诺尔(Tirole,1999)指出,三类成本的存在,使得契约不可能是完全的。第一类是预见成本,契约当事人的思维决策能力是有限的,没有能力预见到所有的可能性,不能按照完全理性假设的那样去决策;第二类是缔约成本,契约当事人即使可以预见到所有的契约可能性,但是,要使用一种双方无争议的方式书写契约的所有可能性,或者因困难太大而无法书写,或者因成本太高而不值得书写;第三类是证实成本,契约交易双方虽然可以观察到契约的一些重要信息,但是这些信息却难以被像法庭这样的独立第三方所证实。在总结契约不完全性的基础上,格罗斯曼和哈特(Grossman & Hart,1986)以及哈特和摩尔(Hart & Moore,1990)发展了一个新的理论——不完全契约理论。

完全契约与不完全契约的根本区别在于:完全契约在契约签订前事先规定了契约当事人在各种可能状态下的权利与义务,因而完全契约问题的核心是解决事后的监督问题;不完全契约不能在事先明确规定各种可能状态下的权利和义务,因而主张在自然状态明确以后再通过谈判来解决契约实施问题,因此,不完全契约问题的核心是对事前的权利进行机制设计或制度安排。

完全契约理论与不完全契约理论各自解决问题的侧重点虽然有所不同,但是都属于新古典经济理论的范畴,而且最近不断发展的机制设计理论将完全契约理论与不完全契约理论有机结合起来。

哈维茨(Hurwicz,1960,1972)、马斯金(Maskin,1979)和迈尔森(Myerson,1981)创立和发展的机制设计理论①,提出了评价经济机制优劣的基本标准,即资源的有效配置、信息的有效利用与激励相容。按照瑞典皇家科学委员会在颁奖公告中的说法,机制设计理论"通过解释个人激励和私人信息,大大提高了我们在这些条件下对最优配置机制性质的理解。该理论使得我们能够区分市场是否运行良好的不同情形。它帮助经济学家区分有效的交易机制、管制方案以及投票过程"②。

机制设计理论不仅指出了各种不可能性的困境,而且指出了在各种具

---

① 机制设计理论是最近 20 年微观经济领域中发展最快的一个分支,Hurwicz,Maskin,Myerson 因创立和发展机制设计理论而获得 2007 年诺贝尔经济学奖。

② http://baike.baidu.com/view/1203217.htm。

体情况下解决困境的方式，即通过设计机制或者设计规则，使得微观契约当事人愿意真实地显示自己的个体偏好，由个体偏好与经济机制联合确定的方式保证契约目标的实现。机制设计理论已经与契约理论结合，无论是完全契约理论还是不完全契约理论，都可归结为机制设计问题。

在劳动契约 $[w, \bar{e}]$ 中，如果工人的努力水平不能被独立的第三方所验证，那么这个劳动契约就是不完全契约。按照不完全契约理论，如果劳动契约中的工人努力水平不可验证，在一次性交易中，工人就会选择偷懒，提供最低的努力水平，企业预期到工人会偷懒，就会提供最低工资水平。

通过机制设计，可以使得劳动契约与工人的努力水平激励相容，例如，可以通过投资验证技术，对工人的努力水平进行验证，如果工人偷懒，则增加罚款。这样，在不完全契约理论下，通过机制设计可以提高交易的效率。

三　社会偏好理论视角下的劳动制度与劳动契约行为

新古典理论的自利偏好假设也受到了很大程度的质疑，列文斯坦、汤姆逊和白泽曼（Loewenstein、Thompson & Bazerman，1989）的研究发现，人们的偏好类型并不都是自利的，一部分当事人具有强烈的社会偏好，还有部分当事人的偏好类型是不确定的或者不稳定的。费尔（Fehr）等人发展的社会偏好理论认为，不同偏好类型的劳动契约当事人之间的互动会影响整体的社会结果。在不同的制度环境下，不同偏好类型的经济人会起主导作用，如果自利偏好经济人占主导地位，社会偏好经济人会采取自利偏好行为；如果社会偏好经济人占主导地位，自利偏好经济人则会模仿社会偏好经济人的行为（Camerer and Fehr，2006）。

史密斯（Smith）等人早期的完全契约型实验已经证明，无论市场结构如何设置，市场价格与成交量总是收敛到新古典经济学理论预测的竞争性均衡水平（Davis & Holt，1993）。在完全契约条件下，契约环境挤出了社会偏好的作用①，因此，下面主要分析社会偏好在不完全契约条件下对

---

① Fehr 和 Schmidt（1999）认为，在 Smith 的完全契约型实验市场中所出现的与竞争性均衡一致的结果，并不能说明社会偏好经济人的不存在，只是表明在完全契约市场环境下，自利偏好经济人的存在和竞争压力迫使社会偏好经济人采取自利偏好行为。

劳动制度的影响。

在上述劳动契约模型中，契约约定的工资是可以简单量化并可被第三方所验证的，而努力水平是工人的私人信息，即使企业可以观察到工人的努力水平，也难以被法院这样的独立第三方所验证。在自利偏好假设下，如果在这样的契约不完全条件下，交易会维持在最低水平上，企业选择提供最低工资水平，工人选择提供最低努力水平；在社会偏好假设下，如果企业提供的工资水平大于等于公平工资，工人就会采取互惠行为，提供契约约定的努力水平。

在社会偏好假设下，如果实施一项劳动制度 I，可以提高工人的谈判能力，根据参照点依赖的社会偏好理论，工人的公平参照点会发生改变，这会影响工人的努力选择。如果企业意识到了工人公平参照点的变化，提供了工人预期的或者超过预期的待遇，工人就会提供要求的努力水平，这样，劳动制度就不会影响总体绩效，只是改变了生产剩余在企业与工人之间的分配。

假设工人是社会偏好的，在没有外在约束的条件下，工人将均分收益作为公平参照点，只要能够均分剩余收益，工人就会按照契约要求提供努力水平。

企业与工人劳动契约实施的总剩余为 $v(e) - c(e)$，均分收益使得 $v(e) - w = w - c(e)$，即 $w = \dfrac{v(e) + c(e)}{2}$，因为

$$v'(e) > 0, c'(e) > 0, v'(e) > c'(e)。$$

在满足公平偏好工人期望的情况下，努力水平的提高会增加企业与工人双方的收益水平，因此，如果工人是公平偏好的，企业会提供与最高努力水平相对应的共享工资水平 $[w^{FB}, e^{FB}]$①，按照这样的契约实施，可以实现总体最优收益。在自由签约条件下，企业收益为：

$$\pi_F = v(e^{FB}) - \frac{v(e^{FB}) + c(e^{FB})}{2}$$

工人的收益为：

$$\pi_W = \frac{v(e^{FB}) + c(e^{FB})}{2} - c(e^{FB})$$

---

① w^{FB} 是指工人实施最高努力水平时的共享工资，e^{FB} 是指使得剩余收益最高的工人努力水平。在本书中，假设 $v' > c'(e)$，因而 e^{FB} 也就是最高努力水平。

企业与工人的联合收益为：

$$\pi_{F+W} = v(e^{FB}) - c(e^{FB})$$

如果实施一项劳动制度 I，使得工人的谈判能力得到提高，为简化起见，假设劳动制度 I 使得工人的保留工资提高到了 a，制度 I 改变了工人的公平参照点，他们不再将简单的均分剩余收益作为公平参照点，而是将自己被提高了的保留工资考虑在内，那么，公平偏好工人的公平收益变为：

$$w' = \frac{v(e) + c(e) + a}{2}$$

只有企业提供的工资大于等于 w'，工人才会按照契约要求提供努力水平，实现共同收益。如果企业提供的工资水平大于等于 w'，而工人是公平偏好的，企业也会提供与最高努力水平相对应的共享工资水平 $\{w^{FB}, e^{FB}\}$。按照这样的契约实施，可以实现总体最优收益，但是交易剩余在企业与工人之间的分配比例发生了变化。

企业收益为：

$$\pi_F = v(e^{FB}) - \frac{v(e^{FB}) + c(e^{FB})}{2} - \frac{a}{2}$$

工人的收益为：

$$\pi_W = \frac{v(e^{FB}) + c(e^{FB})}{2} + \frac{a}{2} - c(e^{FB})$$

企业与工人的联合收益为：

$$\pi_{F+W} = v(e^{FB}) - c(e^{FB})$$

与没有实施劳动制度 I 相比，劳动契约实现的总体剩余没有发生改变，但是剩余在企业与工人之间的分配比例发生了变化，企业的收益降低了，而工人的收益则增加了。

如果企业没有意识到工人公平参照点的变化，还是按照以前的标准提供待遇，工人就会选择降低努力水平来惩罚企业，这样，劳动制度就降低了总体绩效，当然也影响了生产剩余在企业与工人之间的分配。

显然，如果工人认为企业是不友好的，其提供的实际努力水平 $e^* < e^{FB}$，这样，企业与工人的联合收益就变为：

$$\pi'_{F+W} = v(e^*) - c(e^*)$$

因为 $e^* < e^{FB}$，且 $v(e) > 0, v'(e) > 0$，那么

$$v(e^*) < v(e^{FB})$$

即可以得出：

$$\pi'_{F+W} < \pi_{F+W}$$

因此，在这种情况下，劳动制度既使得契约总剩余减少了，还改变了企业与工人之间的剩余分配：企业提供的工资没有变，工人的收益没有受到影响，但是企业的收益降低了。

第二节　新古典框架下雇佣保护和最低工资制度

一　新古典框架下劳动制度的作用机理

在新古典经济学理论中，关于雇佣保护、最低工资等劳动制度对经济行为及经济绩效的影响并没有给出明确的范式，主要有三类经济理论分析了劳动制度影响经济行为及其绩效的作用机理。

第一类理论认为，劳动制度"扭曲"了经济绩效，在竞争性市场中，基于最优行为的比较静态分析预测，劳动制度通常以降低经济效率的方式影响经济结果；第二类理论是将劳动制度看作效率谈判（efficient bargaining）机制，劳动制度可能会影响分配结果，但不会影响经济效率；第三类理论认为，劳动制度可以便利信息流通和促进合作行为，强调信息、沟通和信任的作用，认为劳动制度可以提高效率。

（一）劳动制度"扭曲"经济绩效

本书讨论的最低工资、雇佣保护等劳动制度是外生规定的制度，而不是在劳动关系中演化出来的内生制度。按照新古典经济理论，在没有劳动制度的时候，无约束的市场将会产生竞争均衡，那么，如果存在外生的劳动制度，则会发生什么？

对制度性激励的反应可以实质性地影响分配和效率。以一个竞争性劳动力市场中工会的作用分析为例。工会为了高于市场水平的工资与企业进行讨价还价，而不是就就业问题与企业进行谈判。由于工会的作用，企业往往需要支付高于市场均衡水平的工资。按照一般均衡理论，一部分工人创造的边际收益已经低于企业支付的工资，因此，高成本的工资会导致建立工会的企业减少雇佣，这就会迫使一些工人转向工资较低、生产率也较低的非工会部门工作，这样就降低了经济效率。同时，既然类似的工人因工会状态而接受不同的收益，结果导致更低的经济效率和更高的不平等。

再以考虑失业保险的劳动力供给分析为例。通过失业保险，失业者可以提高其保留工资水平，降低寻找工作的积极性，提高了失业率。工会集体谈判和失业保险"扭曲"了理想市场竞争的结果，这种"扭曲"的程度依赖于决策者对外在制度激励的反应程度。如果企业具有高弹性的劳动需求，劳动分配的变化是相当大的；如果失业者对失业津贴具有高弹性的反应，他们可能会长时间保持失业（Freeman，2008）。

制度也通过改变决策者的最大化目标来影响结果。既然最优状态是边际收益等于边际成本，那么一个可以改变边际收益函数的制度将会改变结果，如同制度可以改变边际成本一样。改变边际收益的制度能够以微妙的方式影响行为。例如，比较雇员所有制企业与收益共享制企业对劳动需求的预期效应。既然这两种制度都是用来提高工人的报酬的，那么可以预期，它们对劳动需求和就业具有类似的作用，但分析表明，情况是相反的。在雇员所有制的价格理论模型（这个模型认为，拥有企业的雇员试图最大化每个工人的净收益）中，比较静态预期，相对于竞争性企业，企业将会允许较少的成员进入企业。更为突出的是，当产出价格上升时，雇员所有制企业将降低雇佣。这是因为，当价格上升时，较低的雇佣提高了每个工人的净收益。但是，这不是最终结果。如果没有给予新雇佣工人企业所有权，雇员所有制企业可以通过雇用额外的工人，为成员赚取更多的收益。通过这种方式，雇员所有制企业将会与竞争性企业雇用相同数量的工人和对价格作出类似的反应，并创造了两类工人——所有者雇员和标准工资雇员（Freeman，2008）。相比之下，收益共享企业支付给工人固定比例的收益，而不是固定工资。威茨曼（Weitzman，1984）发现，当企业为每个雇员支付固定比例的收益时，企业试图雇用比竞争性企业更多的工人。实际上，企业总是试图雇用更多的工人，造成无限的工人需求，因为每个额外的工人都会增加销售和利润。企业的雇佣受限于工人的机会成本，而不是企业的劳动成本。

（二）劳动制度是一种效率谈判机制

效率谈判模型预期，当企业与工人讨价还价时，只要忽略交易成本，产权清晰，谈判双方就可以有效地达成协议，分配来自共同努力的收益，这样就会使资源分配最优化，这就是劳动制度领域的科斯定理（Freeman，1993）。按照效率谈判理论框架，制度化的规则（如雇佣保护）可以影响企业和工人之间的分配结果，但不会影响生产效率。雇佣保护法规使企业不敢雇佣，它们担心在未来不能轻易地解约，但在效率谈判模型中，企业可以作出有效率的解雇，不管工人还是企业控制工作职位，雇佣保护法规能做的事是改变了利润的分配。存在雇佣保护法规时，企业支付一些剩余利益，诱使工人离开；在没有雇佣保护法规时，企业获得全部剩余收益。在这个模型中，劳动制度改变了收入的分配结果，但是没有改变生产的效率。

当市场竞争力量迫使企业必须选择利润最大化的结果，或者破产时，劳动制度安排既不会影响分配也不会影响效率。如果企业具有 U 形平均成本曲线，在一个自由进出的竞争市场上运作，那么它或者在 U 形曲线的底部生产，或者亏损、破产，非零或者正利润的需求决定着决策。如果一个雇员所有制企业赚取了大量利润，而企业只允许有限工人加入企业，那么，那些不允许进入该企业的工人会有动机成立新的企业，从而进入市场。最终，雇佣所有制企业市场最终会达到与利润最大化企业市场相同的长期均衡。逻辑学也指出，工会工资效应不会长期存在，因为高工资的企业不能在与低成本的企业竞争中生存下来。当企业没有"租金"与工人分享时，制度就不能影响分配（Freeman，2008）。

（三）劳动制度便利信息流通和促进合作行为

劳动制度可以提高企业内部的信息和交流，这将会提高管理和劳动的决策（Freeman and Lazear，1995）。例如，工会可以促使信息从工人流向管理者，也能够提高信息从管理者到工人的流动性。在企业确实处于危机中的时候，这种信息沟通将提高工人妥协的概率；在企业实际盈利却假装亏损时，信息沟通可以避免工人被欺骗。此外，信息交流可以使不满的工人使用企业水平的制度来分析解决问题，而不是选择离职，这将会降低职工流动成本，导致对特定企业技能的更大投资。在 Freeman-Lazear 模型中，增加劳资联合委员会（works councils）的力量会将产出提高到某一点，在这一点以后，产出将会下降。企业与工人都会最大化自己的收益，而不是最大化他们的联合收益，结果是，控制企业的工人会欺骗资本，控制企业的资方会欺骗劳动。

如果规则使真实市场更加接近理想的竞争性市场，那么制度也可以提高市场绩效。认为劳动市场不符合竞争性理想的信念与这样的证据相联系，即相同劳动市场和职业中工人的工资存在很大的差异，而不是仅仅围绕在单一的市场工资周围。在一定程度上，工资的巨大差异反映了建立一个单一劳动价格的竞争性劳动市场的失败，制度性会降低差异，可以使市场更接近竞争水平。劳动雇佣制度也使工资确定更接近于竞争模型。观察不同行业工资的支付随时间变化的情况，可以发现，集中谈判机制的国家的变化更接近于竞争模型，可与市场导向的美国相比。竞争模型预测，外生的行业生产率变化改变了产出的价格，但是没有影响行业的工资，而产出价格的外生变化提高了产出和雇佣，但是没有影响工资（Council of Economic Advisors，1962；Salter，1960）。

不同国家之间的绩效差异引发了对劳动制度的研究，按照不同的理论分支，可以得出不同的研究结论，因此，对劳动制度与绩效之间的关系进行实证研究就成为首选的课题。

不同国家具有不同的经济社会环境，即使一个国家的一项制度改变产生了特定的结果，也不一定会在其他地方产生同样的结果。一项制度在某个国家起作用的方式在其他国家可能会发生改变，因为这一制度会与其他制度发生相互作用。关于劳动制度对经济绩效影响的实证研究也会受到这些因素的影响，因而难以得出比较一致的结论。尽管这样，在众多的实证研究中，有一个比较一致的结论，即雇佣保护、最低工资等劳动制度对降低收入不平等具有重要作用，但它们对其他经济结果如就业和失业等的影响，并没有一致的结论（Koeniger et al.，2007；Card, Lemieux, Riddell，2004；Freeman，1984；Card，2001a，2001b；Machin，1997；Kahn，2000；Di Nardo et al.，1996；Lee，1999；Dicken，1999；Erickson and Ichino，1995；Manacorda，2004；Edin and Holmlund，1995）。

二　雇佣保护制度

雇佣保护制度是规制解雇行为的一系列强制性限制政策，这些限制性政策的目的是提高雇佣数量和雇佣的稳定性。雇佣保护包括一系列政策工具，如解雇补偿费、解雇提前通知期、与工会提前协商等。

雇佣保护确实减少了对工作岗位的削减数量，但是对岗位的创建数量也具有负向的影响，因此雇佣保护对雇佣数量的影响是模糊不清的。此外，雇佣保护可能提高了被雇佣保护直接覆盖的工作岗位的稳定性，但是也提高了没有被覆盖的工作岗位的不稳定性，如临时性工作。大量的理论和实证文献已经扩展了雇佣保护的影响，这些研究主要关注雇佣保护对雇佣及流动性的影响。

（一）雇佣保护对就业及失业的影响

一般均衡分析认为，解雇成本对雇佣水平具有不确定的影响。侯朋哈因和饶格勋（Hopenhayn & Rogerson，1993）、圣保罗（Saint-Paul，1995）的一般均衡分析认为，解雇成本降低了雇佣水平，他们在不同的雇佣模型中得出了相同的结论，但是，阿尔瓦雷茨和维拉希尔多（Alvarez & Vera-cierto，1998）以及莫特森和皮萨瑞德（Mortensen & Pissarides，1999）的一般均衡模型则得出了相反的结论。

既然自利个体将解雇成本看作较低生产技术的等价物，在雇佣彩票模型（Models with Employment Lotteries）中，由于总消费的集体共享，雇佣数量可以以较低的成本减少，那么这些解雇成本就具有消极的雇佣效应。在搜寻模型中（Search Model），经济人需要自己照顾自己，当这种成本降低了劳动重分配的数量时，解雇成本具有与降低失业相反的倾向。这样，较低的摩擦性失业也可以较低效率的劳动分配为代价而得到维持。在解雇成本没有改变企业和工人之间剩余的相对份额的前提下，匹配模型与搜索模型具有非常相同的倾向，如果解雇成本提高了工人的相对剩余份额，匹配模型就具有迅速的失业增长趋势（Lars Ljungqvist，2002）。

在对雇佣保护的政治投票中，在职工人会权衡较低的生活水平（因为雇佣保护维持较低的生产水平）和较长的工作持续时间。后者是有价值的，因为被雇佣意味着获得雇佣租金，获得的工资高于他们的替代价值。来自雇佣保护的收益越大，经济增长率就越低，被雇佣者的议价能力就越高，因此，雇佣保护更可能在工人具有较高议价能力的经济体中出现。此外，落后部门中的工人喜欢雇佣保护，这样，通过维持较大份额的落后部门劳动数量，较大的初始雇佣保护得到了支持。如果工人能够事前进行匹配的专用性人力投资，作为雇佣租金和雇佣保护之间相互作用的结果，多重稳态政治均衡将会出现（Gilles Saint-Paul，2002）。

米谢勒·贝洛（Michèle Belot，2007）对美国和欧洲的雇佣水平进行了比较研究。他的研究表明，美国比欧洲实施较低雇佣保护水平的原因在于地理迁移成本和雇佣保护收益的不同。米谢勒·贝洛建立了一个劳动力迁移与雇佣保护内生决定的模型，使用一个匹配框架对劳动力市场模型化，即雇佣保护既降低了工作寻找率，也降低了工作解雇率。具有低迁移成本和高经济异质性的国家可能偏爱不实施雇佣保护，以便工人能够快速转移到更好的行业。

在理论研究方面，关于雇佣保护制度对雇佣的影响没有形成一致的结论，因此，一些研究开始关注实证数据，使用实证数据来分析雇佣保护制度对雇佣的影响，但是，实证研究也没有得出一致的结论。

埃迪森、特谢拉和格罗索（Addison、Teixeira & Grosso，2000）使用21 个 OECD 国家 1956—1984 年的样本，对遣散费与劳动力市场绩效之间的关系提出了新的观点，他们的研究发现，遣散费没有降低雇佣，也没有提高失业，而拉齐尔（Lazear，1990）的实证研究则认为，遣散费降低了雇佣，提高了失业。

1968 年，美国实施的联邦政府雇佣年龄歧视法，使得申请年龄歧视索赔的成本变得更低。在实施这项联邦法案后，与没有实施这项法案的州相比，在允许更简易申请程序的州，超过 50 岁的白人有 0.2% 的可能更不会被雇佣，他们也可能每年少工作 0.8—1.3 个星期，以及被迫退休的概率高出 0.5—7 个百分点，失业的概率高达 1.6—3 个百分点。这些发现表明，在一个反对年龄歧视的环境中，通过不雇用年龄较大工人的方式，企业试图避免诉讼（Lahey，2008）。

美国残疾人法案要求雇主接纳残疾人，任何在雇佣、解雇和薪酬方面的歧视都是违法的。虽然美国残疾人法案的意图是提高残疾人的就业，但在理论上该法案产生的影响是模棱两可的。当前人口调查数据表明，在残疾人法案实施以后，对于所有工作年龄的男性残疾人和 40 岁以下的女性残疾人，其就业水平迅速下降。尽管接受残疾转移救助的残疾人数量增加了，但是残疾人就业的下降不应仅由残疾转移救助来解释。与这个观点相一致，保障法的影响在中等规模的企业比较大，可能是因为小企业被豁免不受保障法的约束（Acemoglu and Angrist，2001）。[1]

（二）雇佣保护对生产率、职工流动率的影响

主流的动态劳动力市场模型预期雇佣保护既降低了解雇的概率也降低了雇佣的概率，进而降低了工作的流动性，但是对失业具有模糊的影响。以前的研究主要在宏观经济层面上研究雇佣保护制度的影响，近来，一些研究开始关注雇佣保护在企业和工人层面上的影响。

使用 14 个 OECD 国家 20 世纪 90 年代企业水平的数据，墨西拿和万三缇（Messina & Vallanti，2007）发现，严格的雇佣保护制度降低了工作

---

① 年龄歧视保护、残疾人保护等都属于对部分人的雇佣保护制度。

流动率，但是，这种影响在快速发展的行业或者企业中是比较小的，这意味着较快的趋势增长减弱了解雇成本对企业雇佣和解雇的影响；更重要的是，他们发现雇佣保护使得工作流动率更少反周期性。虽然工作岗位减少或者解雇工人是即时的，但是雇佣工人可以从容应付，这样，在没有雇佣保护制度时，经济衰落时期的工作流动率是较高的。由于雇佣保护制度降低了经济衰落时期的解雇率，工作流动率呈现出较少反周期性。

解雇保护对工作流动性的消极影响被奥特尔等（Autor et al., 2007）确认，他们利用美国各州不公平解雇保护的时间差异来进行研究。例如，在立法中，善意例外防止雇主因"恶意"而解雇员工。他们使用来自制造业年度调查数据和商业数据库 20 世纪 70—90 年代的机构数据，发现善意例外对雇佣波动具有负向影响，这种负向影响可以部分归因于企业进入数量的减少。他们进一步发现，善意例外似乎导致了企业使用更多的资本，这提高了劳动生产率，但是降低了全要素生产率。

如果不公平解雇法意味着以更高的成本雇佣低技能工人，有人可能会将这些资本要素投入的变化归因于对低劳动技能工人的替代，麦克劳德和那卡瓦克拉（MacLeod & Nakavachara, 2007）从理论和实证方面探究了这种干涉促进雇佣的程度，提供了一个替代解释。如果工人和企业之间的契约是不完全的，不公平解雇法可能会在高人力资本投资的职业中促进就业。使用美国各州 1983—1994 年的人口调查数据，麦克劳德和那卡瓦克拉发现，善意和默认契约例外都对低专用性投资的职业具有消极的影响。对善意例外的估计表明，善意例外具有积极的雇佣影响，但是对需要高专用性人力资本投资职业的工资没有产生显著影响。这表明，在适当的条件下，雇佣保护可能会促进竞争市场的运行。

马库斯·甘格尔（Markus Gangl, 2003）研究了雇佣保护立法对进入劳动力市场的年轻人工作流动性和地位获得的影响。既然严格的雇佣保护降低了劳动力市场的流动性，严格的雇佣保护也就减少了工作机会和向上迁移的机会。劳动组织对 11 个欧洲国家的调查支持了这种假设：模型估计发现，工作机会和晋升机会与严格的雇佣保护负相关。在实施雇佣保护以后，由于年轻人初始工作的较高稳定性而带来的任何积极雇佣保护效应将会被雇佣保护的降低外部市场机会效应所支配，向上迁移机会在高技能劳动力市场中显著减少。总体来说，雇佣保护制度国家之间的差异可以解释国家之间工作地位回报及工作流动性差异的 50% 以上。

（三）国内雇佣保护研究

在《中华人民共和国劳动合同法》实施以后，中国强化了对工人的雇佣保护，因而引发了对雇佣保护的争议。在诸多争论中，法学专家常凯和董保华针锋相对的观点具有代表性（唐跃军、赵武阳，2009），常凯（2008）认为，该法的颁行将有助于加强劳动保障，提高劳动者对企业的认同，促进中国的产业转型，从而实现劳动者、企业和国家的"三赢"；董保华（2007）则认为，《中华人民共和国劳动合同法》将增加失业、降低企业利润并最终葬送改革成果，从而导致劳动者、企业和国家的"三输"。

唐跃军、赵武阳（2009）归纳了上述两类对立观点的逻辑进路。反对者的逻辑进路是：劳动合同法加强雇佣保护→劳工失业威胁降低，工作更消极→企业群体受损，企业招工更加谨慎并缩减职位→劳工群体受损；赞同者的逻辑进路是：劳动合同法加强雇佣保护→劳工工作更加稳定→劳工群体受益，劳工归属感更强，工作更努力→企业群体获益。为调和这两种逻辑进路之间的矛盾，唐跃军、赵武阳（2009）建立了一个二元劳工市场模型，认为这两类观点之所以冲突是因为它们针对的劳工层次不同。实际上，除了现实的劳工层次问题外，更加应该考虑的是劳动者的偏好构成问题，也就是说，上述两种逻辑相矛盾的本质是人的二元偏好结构并存：在反对者的逻辑中强调的是人的自利偏好，在赞同者的逻辑中强调的是人的社会偏好。其实，人的自利偏好和社会偏好大都是交织在一起且不稳定的，因此只强调人类偏好的极端形式而演化出的逻辑是有问题的。

三　最低工资制度

从 1938 年美国《公平劳动标准法案》开始，最低工资就是一个政治性争论问题，在过去的近一个世纪里，这个问题一直是政策制定者与经济学家之间争议的问题。关于最低工资的研究主要集中在以下几个方面。

（一）最低工资对就业的影响

斯蒂格勒（Stigler，1946）认为，从理论上讲，虽然较高的最低工资可以提高垄断劳动力市场的就业水平，但是在低工资竞争劳动力市场中，较高的最低工资水平会导致低工资就业的下降。他指出，为减轻贫困制定的这种政策不仅没有起到减轻贫困的作用，反而扭曲了资源配置。随后，其他经济学家开始积累最低工资就业效应的实证证据，几乎所有这方面的研究都认为，最低工资的提高对低技能工人的就业具有消极影响。

弗里曼（Freeman, 1996）认为，最低工资不会提高国民产出，也不会提高生产效率，它只是一种再分配工具；最低工资提高了部分低工资工人的福利，限制了不均等的工资增长，并且随着其他再分配工具的干涉，最低工资可能会导致无效率损失的风险，最低工资水平越高，潜在的再分配收益就越大，失业的风险也就越大。阿博德等（Abowd et al., 2000）使用个人水平的面板数据研究了法国和美国的最低工资。在他们的样本区间里，法国的最低工资提高了（1981—1989），而美国的最低工资则降低了（1981—1987）。他们用两种相对而又紧密联系的方式研究最低工资效应。在法国，他们关注初始就业，测试被提高的最低工资覆盖工人失业的情况；在美国，他们关注那些被降低了的最低工资"释放"工人失业的情况。他们的研究发现，最低工资对低收入工人失业率的影响要显著高于高收入工人。纽马克、施韦策、威斯彻（Neumark, Schweitzer & Wascher, 2004）创建了一个模型，使用 CPS 1979—1997 年的数据，研究了最低工资、就业、工作时间和工人收入的关系，他们的研究发现，最低工资对低收入工人具有较强的影响，而对高收入工人的影响则非常小。

许多学者不断深化最低工资的经济效应模型，人们逐渐认识到，最低工资对就业和收入的影响并不完全如斯蒂格勒所言，而是一个较为复杂的问题。90 年代的最低工资研究质疑了法定最低工资的增长总是降低就业的观点（Card, 1992；Card and Krueger, 1994；Machin and Manning, 1994；Dolado, Kramarz, Machin et al., 1996）。

纽马克、威斯彻（Neumark & Wascher, 2006）综述了 90 年代以来关于最低工资就业效应的文献，包括美国和其他国家的。他们的综述研究表明，现有的研究估计存在很大的范围差异，因而最低工资增长对低工资工人的就业影响缺乏一致的结论，但是，绝大多数文献给出了相对一致的结论，即最低工资具有降低就业的效应，尽管不是所有的研究都是统计显著的。此外，在他们所综述的文献中，最可信的证据都指向消极的就业效应，无论是美国数据还是其他国家的数据。在他们的综述研究中，还有两个重要的结论：第一，他们发现很少几个研究提供了令人信服的证据，表明最低工资具有积极的促进就业效应；第二，关注最低技能群体的研究提供了相对严格的证据，表明最低工资对最低技能群体具有很强的失业效应。

（二）最低工资对培训的影响

相对于大量最低工资就业效应的文献，有关最低工资对培训影响的文献相对少得多。最低工资会限制工人培训机会的观点最初由罗森（Rosen，1972）提出，这种观点来源于人力资本理论。人力资本理论预测，在竞争劳动力市场中，引入最低工资会减少一般培训投资的机会。

在缺乏培训具体数据的情况下，大多数研究倾向于使用工资增长作为人力资本构成的代理变量，发现最低工资降低了工资增长（Leighton and Mincer，1981；Hashimoto，1982）的概率，但是，最低工资会降低工资增长概率的发现并没有直接告诉我们最低工资对培训的作用。

随着微观领域更合适数据的获得，最近的一些研究已经可以实施更直接的检验。如果低工资劳动力市场是竞争性的，最低工资将减少培训的机会；如果低工资劳动力市场是不完全竞争的，企业将更可能为一般培训支付费用，尽管可能是低水平培训（Chang and Wang，1996；Acemoglu and Pischke，1999；Booth and Zoega，1999）。如果企业按照工人的离职概率考虑培训回报，实际培训将低于最优水平。在这种背景下，最低工资的引入实际上提高了人力资本培训的范围，诱使企业培训不熟练的工人（Acemoglu and Pischke，2001）。

虽然个别研究发现，最低工资的实施降低了低工资工人的培训水平（Schiller，1994；Neumark and Wascher，2001），但是多数实证研究并没有发现最低工资的实施减少了低工资工人的培训机会（Grossberg and Sicilian，1999；Acemoglu and Pischke，2001），有的研究还发现，最低工资提高了工人的培训水平（Arulampalam，Booth，Bryan，2004）。

（三）最低工资对福利的影响

工人的福利不仅仅包括工资，而且包括休假、各项保险、住宿补贴、伙食补贴、交通补贴等多个方面，相对于最低工资对就业的影响研究，关于最低工资的福利影响研究还是比较少见的。

维塞尔（Wessels，1980）认为，由于工资水平仅仅是就业补偿合同的一个部分，实际中企业可以在提高工资的同时，通过减少其他类型的福利来抵消最低工资的影响，这是完全可能的。但是，西蒙和卡斯特纳（Simon & Kaestner，2004）用实证数据对理论分析提出了质疑，他们考察了最低工资制度对员工保险和退休金的影响，没有发现足够的证据说明企业通过减少工人的其他类型福利来抵制最低工资制度所带来的工资增加。

现有研究一般以企业完全遵从最低工资法规作为研究前提的，而实际上由于违法成本很低，许多企业并没有完全遵从最低工资法规。鉴于此，但齐泽（Danziger，2009）通过内生化亚最低工资[①]来研究最低工资制度对员工福利的影响。通过模型分析发现，最低工资的增长对竞争劳动力市场中的工人工作时间和福利具有模糊的影响。由于雇主可以选择不服从最低工资规定，而是提供较低的亚最低工资，如果工人是风险中性的，工作时间和福利与最低工资率无关；如果工人是风险厌恶的，工作时间将随着最低工资的增加而降低，但福利是增加的。

（四）国内关于最低工资制度的研究

在国外就最低工资制度展开全面研究的同时，国内关于最低工资的研究基本上处在借鉴和学习西方理论和经验的阶段。国内一些学者认为，不能简单照搬国外的理论与经验，原因一是国外研究一般将最低工资与其他制度割裂开来并行地进行研究，而忽视了不同制度之间可能发生的交互影响，这个问题在中国可能是比较突出的。二是中国存在二元市场结构，劳动监管难度很大。如果不考虑中国与西方国家在基本国情上的巨大差异，最低工资研究就会出现很大的偏差（丁守海，2010）。

姚先国等认为，最低工资制度是减少就业、增加就业，还是对就业没有影响，取决于一个国家劳动力市场的实际情况。实际劳动力市场中客观条件的复杂多样，可能会使最低工资制度对就业的影响显得更不确定。龚强（2010）通过构建一个包含产品市场和劳动力市场的模型，分析了最低工资制度在社会、经济等方面的影响，并得出以下结论：如果企业是市场工资率的被动接受者，则推行最低工资制度在促进劳动者福利提升的同时，会以减损社会总福利为代价，同时社会总产出水平也会下降；如果企业对市场工资率有影响能力，则通过最低工资制度提高就业者工资水平，不仅会促进劳动者福利的提升，也会造成社会总福利的改进，社会总产出水平会上升。

在实证研究方面，有的学者在借鉴国际研究的基础上，考虑中国的基本国情，对中国最低工资标准的合理性、最低工资对就业的影响等进行了

---

① 在实施最低工资制度时，允许特定的部门可以在一定的条件下实施低于法定最低工资的工资，称为亚最低工资。

实证分析，认为只要实施合理的最低工资标准，就不会影响就业水平，还能改善收入的不平等状态，提出了中国本阶段最低工资制度的政策建议（魏章进、韩兆洲，2006；王梅，2008；俞东林，2008；张玉梅，刘宏杰，2005）。

第三节　社会偏好与劳动契约行为

一　社会偏好

在新古典经济学中，个体偏好被定义为只基于自己的支付，只有自己的支付进入其效用函数，他人的资源配置状况并不进入自利性经济人的效用函数，经济人所有行为都源于其对自身效用的追求。按照这个假设，经济交往中的个体都是极端自私自利的，只要可以提高自身的效用，他们往往会采取为他人带来负外部性的行动。

以自利偏好为基础的新古典经济学和新制度经济学虽然可以解释很多市场竞争现象和组织合作行为，但是，也有很多现象是基于自利偏好的经济学理论所不能解释的。大量匿名的单次经济学实验，如最后通牒博弈实验、独裁者博弈实验、礼物交换博弈实验、信任博弈实验、公共品博弈实验等实验研究都证明了非自利行为的存在并不仅仅是一种策略行为，而是一种偏好行为——社会偏好（李晓义，2009）。

拉宾（Rabin，1993）被公认为正式化了社会偏好理论的第一个基于动机公平的"互利"模型，凯莫勒（Camerer，1997）首次完整地提出了"社会偏好"的概念，费尔等（Fehr et al.，1999，2002，2006）逐步发展和完善了社会偏好理论。社会偏好具有多种表现形式，公平、信任、互惠等都是社会偏好的基本行为模式①，其中，公平偏好是最普遍的社会偏好模式。

无论是自利偏好还是社会偏好经济人，经济支付都是其进行决策的重要变量。在标准模型假设中，只有绝对经济支付水平起着作用，而没有考虑相对经济支付，但是许多证据表明，支付水平是参照点依赖的，经济人相对于参照水平评估经济支付。

---

① 其他的社会偏好形式还有利他、嫉妒等。

二 社会偏好与一次性劳动契约行为

按照标准的经济学理论，在作为不完全契约的一次性劳动契约中，自利偏好行为人将会选择提供最低的努力水平，企业预计到自利偏好行为人的行为，将会提供最低的报酬契约，这样，就会维持低效率的劳动契约。而按照社会偏好理论，社会偏好行为人的存在，使得一次性劳动契约能够维持在较高的效率水平上。无论是在实验室环境中，还是在实际环境中，都发现了社会偏好在一次性劳动契约行为中的影响。

布朗、福尔克和费尔（Brown、Falk & Fehr，2004）模拟了一个简单的供大于求的劳动力市场，每个企业每期最多雇用 1 个工人，每个工人最多选择一份工作。当一个工人接受一家企业的要约以后，一个劳动契约就建立了。虽然该劳动力市场运行了多个时期，但由于每期都变化被试的身份，声誉机制不可能形成。实验结果表明，企业提供的工资越高，工人提供的努力水平就越高。工人的努力水平显著高于自利模型预测的水平，但也远低于最优效率的努力水平。社会偏好对绩效的有限作用是由于被试的差异性造成的，虽然存在社会偏好工人，但是也存在相当比例的自利偏好工人。工资和努力水平之间的关系在模型上的显示是足够陡的，回报足以超过工人外部选择的工资水平，但是自利偏好工人被试的存在，限制了企业提供高工资租金的努力，而这些高工资租金是诱使社会偏好工人提供最优效率努力水平的前提。费尔等人（1998）和李斯特（List，2006）使用非学生被试（士兵和体育卡爱好者）实施了礼物交换实验，也得出了类似的结论。

大量的实验研究证明，社会偏好对劳动契约绩效具有积极的影响作用，虽然这种影响有限，但结果是稳定的。所有这些来自礼物交换博弈实验的证据都得出了类似的结果：工资和努力水平总是正相关的，但是所实现的努力水平远低于最优效率水平（Charness，2004；Charness et al.，2004；Falk and Gaechter，2002；Fehr et al.，1993；Hannan et al.，2002）。

社会偏好的契约激励作用不仅在实验室中被发现，而且在实际环境中也发现了社会偏好的激励作用。最近几个实地礼物交换博弈实验研究提供了实际环境中的证据。格尼茨和李斯特（Gneezy & List，2006）雇用工人将书籍信息输入图书馆信息系统，工人们被告知这是一次性的雇佣。他们在实验中设置了两种不同的工资水平,工人们或者被支付低工资(每小时 12 美元)或者高工资(每小时 20 美元)。从总体上分析,当支付高工资时,工人们的产出大约提高了 10%,但是由于个体产出水平之间的巨大差异和小样本(10 个人),这种差异不是统计显著的。库布等(Kube et al.,2006)雇用学生录入数据,所有的学生被告知大概每小时可以赚 15 欧元,而实际上一部分学生被支付了 15 欧元,其他两组学生则分别获得 10 欧元或者 20 欧元。获得高工资的学生比获得宣告工资的学生的努力程度高了 10%,也许是样本太小,这种作用不是很显著。但是,当学生收到低工资时(10 欧元),相对于 15 欧元的基准,努力水平显著下降(27%),尽管样本很小,但结果依然是统计显著的。这些都证实了实验室实验中所发现的现象在实地实验中确实存在。虽然社会偏好对公平行为的积极影响通常比较小,但是对不公平行为的消极影响往往是巨大的(Offerman,2002)。

阿鲁巴里等(Al-Ubaydli et al.,2006)实施了一个类似的较大样本(每种情景 30 人)的研究。他们雇用工人装信封,这些工作也是一次性的,没有重复雇佣的可能。他们的实验包括两个设置,能够对公平性进行清楚地比较。这两种状态下的工人都被告知他们的小时工资在 8 美元和 16 美元之间,随后,在一种状态下,工人被支付每小时 8 美元,而在另一种状态下,则是每小时 16 美元。与小时工资 16 美元相比,当小时工资 8 美元时,装信封的数量少了 22%。这一差异是明显的,但这种效果是由工人的不公平感所导致的,还是高工资导致了额外的产出,仍然是不清楚的。

实地实验证实了实验室的发现,即支付高工资会导致努力的增长,尽管效果比较小,且依赖具体环境。实验室和实地实验都认为,对不公平(即工资减少)的反应要强烈于对慷慨行为(即相同的工资增加)的反应。实验室反应和实地反应不仅是一致的,而且实验室实验也可以帮助我们更好地理解在实地实验中所观察到的努力反应。

三　社会偏好与重复性劳动契约行为

在一次性雇佣中,观察到了普遍的社会偏好行为,虽然没有达到最优努力水平,但却显著高于自利偏好假设的水平。不过劳动契约关系很少是一次性交往,往往是有限期的重复交往。在重复交往的劳动契约中,社会偏好的作用是怎样的?

在一次性交往中,声誉机制没有发挥作用,因此,一次性交往的证据揭示了公平动机克服雇佣关系中激励问题的程度。虽然研究证据表明,显著比例的个体是具有社会偏好的,并且愿意用更高的努力程度来回应高工资,但是研究证据也表明许多人是相当自利的。在不完全契约中,社会偏好不足以完全克服激励问题,实际上,社会偏好只能促使努力程度高于最低努力程度。

如果雇主和工人具有重复交往的选择,内生的长期契约关系中的声誉激励就会放大社会偏好对绩效的影响。实际上,研究数据表明,社会偏好和声誉激励的相互作用可以有效地维持高水平的效率,即使社会偏好很微弱。

关于长期契约关系的实验证据,本书重点关注有限期重复交往的实验环境。这种设计特点意味着如果所有被试都是自利偏好而且拥有共同知识,那么,根据博弈论知识,有限期重复博弈的唯一均衡与一次性博弈均衡是一致的。因此可以认为,重复交往设置与一次性交往设置之间的行为偏差来源于声誉机制。

(一) 实验室实验

福尔克和盖切特 (Falk & Gächter, 2002) 较早开始研究礼物交换环境中的重复交往作用。他们实施了一个两设置的实验室实验,在基础设置中,每个被试进行 10 期一次性礼物交换实验,每次的合作伙伴不同;在基本设置中,被试与同一个合作伙伴重复进行 10 期实验,这样,每对被试具有共同的历史,两个人总是根据对方过去的经验来采取行动。这个研究的结果表明,与一次性交往相比,在有限次重复交往中的声誉激励放大了社会偏好对绩效的积极作用。在重复交往设置中,实验开始几期后的努力水平就稳定在 0.55 左右 (努力水平在 0.1—1 之间),而在一次性设置中,努力水平稳定在 0.35 左右。在重复交往设置中,作为雇主的被试只有当他们的工人在过去提供高努力水平时才提供高工资,因此,自利偏好工人就有动机隐藏自己的真实类型,而模仿社会偏好类型的工人。通过对高工资的高努力反应,自利偏好工人可以建立社会偏好声誉,由于雇主的有条件提供策略,这样的声誉是有价值的。在最后一期里,当声誉机制不再起作用时,重复交往设置中的努力水平下降到一次性交往中的水平。截止期效应表明,社会偏好对重复交往和一次性交往中的激励效应大体是相同的，但是，重复交往的长期性质惩罚了许多自利偏好个体。

布朗等人（2004）在研究中，设计了一个供大于求的劳动力市场环境。在这个市场中，长期雇佣关系内生形成。他们的实验持续了15期，雇主可以向特定的工人提出工资要约，这样，通过向同一个工人重新提供工资要约，他们就可以内生地建立长期关系（long-term relationship）。通过允许建立长期关系和不允许建立长期关系的设置比较，可以检验声誉激励的作用和声誉激励与社会偏好的相互作用。重签契约的可能性对绩效具有很强的积极作用，它将努力水平从一次性交往的平均3.3提高到重复交往的平均6.9（努力水平在1—10之间）。实际上，在一次性交往中，最低努力水平是出现频率最高的努力水平，而在重复交往中，最高努力水平出现的频率最高。在福尔克和盖切特（2002）的文章中所出现的截止期效应是因为自利偏好被试在最后一期不再提供非最低努力水平。

其他的一系列文献也证实了这个发现的稳定性，即在长期关系中内生演化的声誉机制极大地增强了社会偏好对绩效的积极作用。这些文献的证据表明，声誉效应可以维持很高的效率水平，即使是在相当不利的环境中。费尔等人（2009）、布朗和曾德尔（Brown & Zehnder，2007）认为，即使社会偏好不能单独阻止市场崩溃，长期关系中的声誉也可以导致稳定的交易。费尔和曾德尔（Fehr & Zehnder，2006）设计了一个不完全信息市场模型。在这个市场中，产出是努力水平不准确的唯一标志，他们也发现了这种情况的存在。布朗等人（2008）阐述了在一个对劳动有着超额需求、没有失业的市场中声誉激励和公平的交互作用。

（二）实地实验（Field Experiment）

不仅实验室实验证明了社会偏好与声誉激励可以将市场交易维持在一个较高的效率水平上，一些实地实验也得出了同样的结论。

麦里莜和托尼（Maréchal & Thöni，2007）进行了一个实地实验，研究劳动契约关系的重复特征是怎样影响礼物交换的效率问题的，以检验互惠在竞争性市场中的重要性。他们的研究发现，去商店销售药品的销售代表，通过在访问开始的时候给商店经理礼物（一种产品的6个样品）增加了销售收入。他们还发现，向商店经理分发的礼物实质性地促进了销售收入的增加，这与互惠的概念是一致的，但是，实验结果也强调市场参与者之间关系的性质决定性地影响着互惠行为的流行。如果销售代表与商店经理建立了关系，效应才存在。如果购销双方第一次见面，他们互相不认识，就没有观察到互惠行为。相对地，礼物则起到了相反的作用，并妨碍了销售的成功。对这种现象的一种潜在解释是关系的性质决定了购买者怎么看待接受礼物一事。假定买卖双方互相认识，礼物就被解释为友谊的表示，而不熟悉的购买者则会变得猜疑，将礼物看作游说的压力或者贿赂。这表明，礼物打开了销售代表和商店经理之间的持续关系，在这种关系中，公平效应被认为是最大的。

布朗等人（2008）最近的研究提供了关于礼物交换在重复交往中作用的实地证据，他们报告了对一个植树公司实地实验观察的结果。他们使用一个单位时间工资礼物（a onetime wage gift）来检验工人的反应。这个研究中的设置有些复杂，因为植树工人被支付计件工资，由工资礼物导致的收入变化与这些具体的激励可能产生相互作用。然而，有人也许会提出，在工人边际努力成本总是可能相当高的计件工资环境中，发现礼物对努力的影响是更为引人注目的。这个研究也提供了关于公平和重复博弈效应的交互证据，因为他们将下一个植树季节没有返回的工人也包含在样本中。他们发现，工资礼物对努力的影响很显著，但对那些下一个植树季节返回的工人而言，效应则更强一些。这证实了公平效应和重复博弈效应的互补性。

（三）实际观察证据

在现实世界中，一些研究者也观察到社会偏好的激励效应。克鲁格和马斯（Krueger & Mas，2004）分析了在不同工厂和年度生产的 Bridgestone/Firestone 轮胎的质量。在发生严重劳资冲突期间，公司不仅宣布降低新雇佣人员的工资和实施不受欢迎的轮班时间，而且威胁要解雇现有的员工，雇用替代员工（后来确实也这样做了）。实际结果表明，在劳资冲突期间制造的轮胎质量明显低于其他企业同年制造的同类型的轮胎质量。马斯（2008）研究了一家制造施工设备和其他车辆的大型制造公司，认为劳资冲突对产品质量具有类似的消极影响。在 Caterpillar（一家制造公司）的管理层与工会之间的谈判破裂以后，相对于类似的在美国以外生产的 Caterpillar 设备，在劳资冲突期间美国生产的设备的销售价格较低。既然员工的努力是企业产品质量的重要决定因素，这表明在劳资冲突期间，员工的努力水平降低了。

四　参照点与劳动契约行为

大量的实验室证据证明，许多被试没有表现出自利行为，而是表现出社会偏好行为，社会偏好的基本表现形式是公平偏好。为了避免不公平的结果或者惩罚不公平的行为，许多被试愿意承担成本。在最后通牒博弈中，最简单的公平结果是50∶50，至少西方国家中的人将50∶50看作是公平的结果，但是许多经济契约可能更复杂，在这些更复杂的经济契约中，人们的公平参照点是什么？

福尔克等人（2003）提供了关于经济环境怎么影响公平决策的证据。他们通过控制提议者的决策行动集，进行了一系列最后通牒博弈实验。在实验设置中，一部分提议者的决策集中只有不公平报价，即外界条件限制了提议者的报价范围，他们不能提议一般意义上的公平报价，只能作出不公平的报价；其他被试具有公平报价和不公平报价的选择。实验证据表明，当不公平行为是被试的故意行为时，其提议的方案更容易被回应者拒绝，即与提议者只能选择不公平报价相比，当提议者可以选择公平报价和不公平报价的时候，提议者的不公平报价更容易被拒绝。因此，公平的判断不仅包括结果，而且包括结果是怎么来的（Dufwenberg and Kirchsteiger，2004；Falk and Fischbacher，2006）。

卡尼曼等人（Kahneman et al.，1986）认为，个体关于一个支付削减是否公平的判断强烈地依赖支付削减的原因：如果企业削减支付，仅仅因为劳动力市场环境恶化，工人就认为是高度不公平的，而削减支付是为了防止企业破产，则会认为是值得接受的。来自人事主管和补偿官员的调查数据表明，他们也预期到了雇员中的这些动机（Agell and Lundborg，1995，2003；Bewley，1999）。

公平判断的参照依赖和联合框架效应也被卡尼曼等人（1986）所强调，他们指出，与真实工资同样的削减（被感知为收益的减少）相比，工资削减（被感知为损失）被认为是更不公平的。例如，他们为一些被试提供了这样一个情景，企业每年分发10%的红利，且持续了很长时期，然后被取消，大多数被试回应者认为这是公平的，即使它实际上减少了工人10%的收入；其他被试则被提供这样的情景，即工人的基础工资被削减10%，在这种情况下，大多数被试认为这是不公平的。

一些证据也表明，与被认为是公平的行为相比，雇主被认为不公平的行动会触发更强的反应。李和拉普（Lee & Rupp, 2007）研究了飞行员工资下降对航班延误的影响。实际上，他们研究的所有工资下降都是经一致同意的，即飞行员工会统一进行削减，因为许多航空公司处于破产中，或者处在破产的边缘。当工资减少是一致同意的时候，对延误没有本质上的影响。这与比尤利（Bewley, 1999）的调查数据相一致，他的调查表明，当工人们感觉到雇主有正当理由的时候，如雇主接近破产，他们愿意接受工资的减少。然而，在李和拉普（2007）的研究中，有一种工资削减是仲裁的结果，这个结果是飞行员所反对的。随后的记录表明，这导致随后几个月中航班延误次数的大量增加，这与公平模型的预测是一致的。

实验证据表明，参照依赖的社会偏好是人类动机的一个重要组成部分。当然，这并不意味着这种偏好总是起着作用。实际上，在一定的制度环境里，市场环境或者制度可能会改变这种偏好的作用（Bolton and Ock-enfels, 2000; Falk and Fischbacher, 2006; Fehr and Schmidt, 1999）。

第四节　制度对社会偏好的挤出与互补效应

按照自利偏好与社会偏好不同的理论假设，研究往往会得出不同的结论。在完全契约型关系中，自利偏好假设可以很好地解释经济现象，而在存在外部性和契约不完全的契约关系中，社会偏好假设可以较好地解释经济现象。社会偏好在契约不完全条件下的制度安排与契约设计具有重要的影响，在设计劳动制度时就需要考虑社会偏好与显性制度之间的互补与挤出效应。

一　制度对社会偏好的挤出效应

满足参与约束与激励相容的制度设计，是解决不完全契约问题的重要途径，但是，基于自利偏好假设的显性激励制度往往挤出了人们的自愿性合作行为，降低了效率。考虑到显性制度对社会偏好可能的挤出效应，一些研究者开始关注这方面的问题。

费尔和盖切特（Fehr & Gächter, 2000）通过增加一个简单的激励工具，扩展了礼物交换设计实验，检验了两个假设：（1）基于互惠的自愿合作和财务激励互补；（2）财务激励挤出了自愿合作。如果工人的努力选择仅仅依赖企业工资的慷慨性，那么就支持了第一个假设；如果人们将惩罚看作威胁和不信任，这是与自愿合作不相容的，那么就证明第二个假设是正确的。他们在研究中，设计了这样的契约框架。企业提供一个契约要约 $\{w, f, e\}$，规定工资 w，期望的努力水平 e 和工人偷懒的惩罚 f。如果工人偷懒，即提供的努力水平低于期望的努力水平，以 $0 < s < 1$ 的概率被发现。在风险中性的假设下，如果 $w - c(\bar{e}) \geq s(w - f) + (1 - s)w$，即 $sf \geq c(\bar{e})$，那么工人就不会偷懒。在这个框架下，自愿合作被定义为高于最优反应的努力水平。

他们的实验数据支持了第二个假设：在激励设置实验中，自愿合作被破坏了，许多被试没有进行自愿合作，而是选择最优反应的努力水平。这表明物质激励制度挤出了自愿合作。

产生这样的结果，本质上是由于物质激励还是激励框架？为了验证这个问题，费尔和盖切特又进行了一个实验，在这个实验中，激励被框架为奖励，一旦被发现偷懒，就丧失奖励。实验中的激励结构与惩罚设置完全一样。这样，如果自愿合作的挤出是由于物质激励，就会得到与惩罚类似的结果，因为奖金仅仅是不同描述框架的激励工具。尽管具有相同的物质性，如果惩罚和奖励被认为是不同的，就不会观察到自愿合作的挤出效应。数据支持了后者的推理。用奖金作为激励工具，自愿合作在很大程度上保持了完整，没有被挤出。

来自这些实验的一个有趣的观察结果是效率，在这里，效率用工人和企业的剩余之和来度量。在没有显性激励时，效率是最高的，将惩罚作为激励工具时，效率是最低的，但是，企业在实施惩罚激励时收益最高，在没有任何激励时收益最低。

公共产品的扩展模型意味着政府慈善捐赠会挤出私人慈善捐赠，实地研究没有验证这个结果，几种分析认为，问题的关键在于捐赠者偏好的描述。博尔顿和卡托（Bolton & Katok，1998）实施了一个实验，直接检验捐赠者的偏好。他们使用的博弈是独裁者博弈，实验结果表明，存在大量但不完全的挤出效应。

被设计用来提高社会福利的制度是以个体的纯自利性为前提的，但是，实验证据表明，个体并没有表现出这种行为方式。相反地，他们倾向于在自利和集体利益之间进行公平处理。通过在哥伦比亚农村实施的实验发现，一个环境困境问题的规制解决方案并没有起到明显的作用，而标准理论认为，这会提高社会福利。出现这个结果的原因是：面对规制，人们开始表现出更少的互惠利他偏好，而是选择自利偏好行为。即是说，规制挤出了互惠利他行为（Cardenas and Stranlund，2000）。

盖切特和福尔克（Gächter & Falk，2006）研究了四种克服不完全契约所带来的无效率问题的方法，这四种方法是互惠、重复博弈、社会嵌入和激励契约。他们在实验中发现，互惠是一个有力的契约实施工具；重复交往与互惠以互补的方式相互作用；增加社会认可激励对效率没有显著的贡献；显性契约具有反常的作用，在一定意义上，显性制度契约挤出了互惠偏好，进而降低了效率。

格尼茨和拉切奇尼（Gneezy & Rustichini，2000）实施了一个非常好的实地实验来检验显性激励与自愿合作之间的相互作用。他们的实验在以色列儿童日托中心进行。家长被希望在下午 4 点接孩子，但是由于许多家长迟到，幼儿园老师被迫加班。经济理论简单地认为实施惩罚将会解决这个问题。为了检验这个假设，格尼茨和拉切奇尼与日托中心的管理者合作进行了一个实地实验。他们记录了 10 个日托中心 4 周家长迟到的情况。在 4 周以后，6 个日托中心宣布，如果家长迟到将会受到一个较小的罚款，在其他 4 个日托中心，作为控制组，则没有实施罚款。12 周以后，罚款被取消，迟到的情况被记录下来。图 2.1 记录了实地实验的结果。

结果表明，在控制组中，迟到的家长数保持稳定；在前 4 周，控制组和实验组的迟到模式是相同的，但是，当引入罚款以后，迟到的数量反而上升了，并没有像经济理论所预期的那样降低。在罚款被取消以后，迟到现象仍然保持在高水平上。格尼茨和拉切奇尼（2000）认为，像奖励一样，罚款可能会改变心理契约的预期，在罚款实施以前，幼儿园基于善意（good will）运作着，但是家长可能将罚款看作一个价格。

如果没有显性绩效激励，纯长期关系在相当程度上提高了自愿合作。一个可能的原因是，重复交往所提供的激励被感知为"互惠相容的"，在一定意义上，这使互惠行为保持完整。此外，重复交往促进了那些减弱偷懒激励的链接（Dijk，Sonnemans，Windeng，2001），那些没有受到互惠激励的人有动机模仿互惠行为。这样，仅仅具有长期雇佣关系就可以减少偷懒问题。

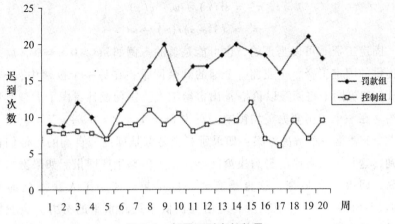

图 2.1　每周迟到家长数量

资料来源：Gneezy Uri, Aldo Rustichini, "A Fine is a Price," *Journal of Legal Studies*, Vol. 29, No. 1 (2000), pp. 1-17.

二　制度对社会偏好的互补效应

显性制度对社会偏好既有挤出效应，也有互补效应。如果显性制度的激励方向与激励内容及社会偏好不一致，就会发生制度的挤出效应；如果制度的激励方向与内容和社会偏好相一致，那么，制度对社会偏好就具有互补促进效应。费尔和盖切特（2000）进行了两个实验，从对两个实验框架的对比中，研究了不同显性制度对社会偏好的影响。在第一个实验中，激励被框架为惩罚性制度，如果被试偷懒，就实施惩罚；在第二个实验中，激励被框架为奖励性制度，一旦被试被发现偷懒，就丧失了奖励。实验结果发现，在惩罚制度框架下，被试的社会偏好被挤出了，而在奖励制度框架下，被试的自愿合作偏好保持了完整，没有被挤出。

在费尔和盖切特（1998）实验的基础上，安德胡布、盖切特和柯尼斯泰因（Anderhub, Gächter & Königstein, 2002）使用一个委托—代理框架研究了合作与挤出问题。他们的设计如下：一个企业提供一份工作契约，它包含三个要素：固定工资 w，回报份额 s，s 在 [0，1] 之间，一个期望的努力水平 e。努力水平不是强制实施的，工人在接受契约以后，必须选择一个努力水平，这个努力水平产生 $r(e)$ 的回报。工人和企业的收益分别是：

$$\pi^{w} = sr(e) + w - c(e)$$
$$\pi^{F} = (1 - s)r(e) - w$$

固定工资 w 可以是正的，也可能是负的。例如，$w > 0, s = 0$，就是企业提供的固定工资，企业拥有全部的剩余回报；在另一个极端中，$w < 0$，$s = 1$，这等同于将回报以价格 w 出售给工人。这种设计考虑了大量类型的契约。在一个子博弈完美均衡中，契约 $(s = 1, w^{*} < 0, -w^{*} = c(e^{max}) - r(e^{max}))$ 就是一个解决方案：如果所有交易方是理性和自利的，他们将认识到，这是工人自己的努力决策问题，工人独享生产回报。如果努力水平最高，回报也就最高，这也是有效率的结果。如果工人获得全部回报（即收益份额 $s = 1$），他就没有理由提供低于最高水平的努力。企业能够要求的最大价格是最高回报与努力成本之间的差额。一个自利的工人将愿意支付任何使其收益非负的工资 $w < 0$（即 $r(e) - c(e) > 0$）。换句话说，在均衡时，企业将占有所有剩余。

实验的结果大致与这些预期一致。在绝大多数契约中，企业提供的回报份额是 $s = 1$，因此，这些实验达到了高效率。

关于企业会要求最高价格的假设没有得到数据的支持，大多数契约是大体上平均分配剩余的。如果价格不公平性较大，工人就会拒绝契约，他们都获得了零利润。这个发现与最后通牒博弈实验所得出和租金共享实验所得出的证据非常一致。

这些结果意味着在这种契约博弈中就没有互惠偏好了吗？数据没有使我们得出这样的结论。进一步的分析表明，工人以一种互惠的方式偏离了他们的最优反应努力水平。与前面讨论的一样，企业的契约要约越慷慨，工人的努力选择就越高（Guth et al. , 1998）。在一个委托—代理实验中也得出了类似的结果。很显然，这种收益分享是一种保持互惠动机完整的绩效激励工具。

在关于公共物品的私人和公共提供的研究中，也发现了显性制度对社会偏好的挤出与互补效应。尽管大多数这类研究认为，公共提供挤出了私人提供，但加思·黑特尔（Garth Heutel, 2009）的研究发现，挤出效应在相反的方向上也会发生：作为对私人捐赠水平的反映，政府也会调整其捐赠水平；由于使用公共物品质量的不对称信息，一种资助的来源可以作为公共产品质量的信号，并吸引其他来源的资助。使用非营利组织的捐助收入面板数据，加思·黑特尔检验了挤出效应和互补效应。研究结果表明，政府补贴可以促进私人捐助，这与信号模型相一致。回归估计表明，私人捐助挤出了政府资助，但是统计上并不显著。

小　结

劳动是最重要的生产资料，使用劳动这种生产资料必须进行补偿，补偿须遵循等价交换的原则，而劳动的等价交换则通过劳动契约来进行。在劳动契约关系中，直接当事人是企业与工人，工人的努力水平是决定劳动契约效率的关键变量，劳动的定价关键在于契约当事人的谈判能力，政府等第三方的制度性介入可以改变当事人的谈判能力。雇佣保护和最低工资制度就是两种主要的劳动保护制度。

劳动这种生产资料天然地属于工人个人，工人的努力水平事后难以被证实，因而劳动契约是典型的不完全契约。从文献梳理中可以看出，传统的新古典经济理论虽然对完全契约行为具有很强的解释力，但是却难以很好地解释作为不完全契约的劳动契约行为。

新古典理论的基本假设是当事人完全自利，实际上，人类的偏好形式并不完全是自利偏好的，大量实验研究已经证实了社会偏好的存在性。本章所综述的社会偏好研究文献证明，基于社会偏好的组织规范可以在很大程度上解决劳动契约的激励问题，社会偏好是解决不完全契约下激励问题的重要机制。社会偏好理论已经被应用于信贷市场、劳动力市场、租赁市场等不完备市场中，在劳动力市场中社会偏好理论占据着尤其重要的地位。公平偏好是社会偏好的主要表现形式，在社会偏好理论中，公平偏好理论被认为是解释劳动契约的最有力的理论。描述公平偏好的模型有多个，其中费尔和施密特（Fehr & Schmidt，1999）提出的 F－S 模型是解释力最强、引用率最高、操作也最简便的公平偏好模型。

国外一些文献已经开始使用比较制度实验方法研究雇佣保护和最低工资制度问题，但在国内还没有类似的研究。本书基于社会偏好和不完全契约的研究进路，沿着 F－S 公平偏好的思想，运用比较制度实验方法，研究雇佣保护和最低工资制度对劳动契约当事人行为的影响。本书以后章节结构安排如下：

在第三章里，笔者基于公平理论构建劳动契约模型，从理论上分析了雇佣保护和最低工资制度的劳动契约行为影响；在第四章里，笔者设计了相应的实验，研究雇佣保护制度对劳动契约当事人行为的影响；在第五章里，笔者设计了相应的实验，研究最低工资制度对劳动契约当事人行为的影响；第六章是本书的研究结论与展望。

第三章　基于公平理论的劳动契约行为模型

本章以公平理论为基础，构建劳动契约模型，从理论上分析了异质偏好环境下劳动契约当事人的行为。第一节对公平理论进行了简单回顾；第二节分析了单次交往劳动契约行为；第三节分析了重复交往劳动契约行为；第四节分析了雇佣保护和最低工资制度下的劳动契约行为。

第一节　公平理论

一　公平偏好与公平理论

在新古典经济学的假设中，所有人都是自利性的理性经济人，他们只追求自己的物质利益，而不关心其他人的利益，也不关心社会目标。自利经济人所有行为的理由都源于其对自身效用的追求。按照这个假设，经济交往中的个体都是极端自私自利的，只要可以提高自身的效用，他们就会采取为他人带来危害的负外部性行为。

新古典经济学的自利性假设对一些人（也许许多人）来说可能是正确的，但是如果说所有人都是自私自利的，无疑是不正确的。迄今为止，已经有大量的证据表明，公平偏好影响着许多人的行为，人们并不仅仅关注自己的物质收益，也关心其他人的收益。例如，卡尼曼、尼奇和泰勒（Kahneman、Knetsch & Thaler，1986）的实证结果表明，顾客对企业的短期价格决策具有很强的情绪反应，这可以解释企业没有完全利用自己垄断权力的原因；企业的工资设定也受到雇员对公平态度的影响（Blinder and Choi，1990；Agell and Lundborg，1995；Bewley，1995），根据这些研究，在萧条时，企业拒绝减少工资的一个主要原因是担心工人将工资减少看作受到不公平对待的表现，这会影响工人的工作态度。

劳动契约关系不同于一般的商品交易关系，劳动契约关系的重要特点是雇员行为的不可验证性、当事人的偏好异质性以及交往的长期重复性。组织与员工之间是一种互惠互利的关系，双方均需要有一定的付出，也需要得到一定的收益。虽然这种交换不像经济交换那样依赖明确而具体的规定（正式契约的内容），但人们在内心中会以社会规范和价值观为基础进行相应的衡量和对比。当责任对等时，或者说付出和回报公平时，可以维持一种长久、稳定、积极的关系；如果一方觉得自己的付出没有得到应有的回报，则必然会对相互关系造成消极的影响。

因此，使用自利偏好假设分析劳动契约关系就显得不太合适。在本书中，笔者将使用费尔等人（1999）的公平理论来分析劳动契约行为。①

费尔等人的公平理论用以自我为中心的不平等厌恶来模型化公平。不平等厌恶意味着人们反对不公平的结果，即他们愿意放弃一些物质收益来促进更公平的结果。如果人们在本质上没有关心其他人之间的不公平，而是仅仅对自己相对于他人的物质利益的公平感兴趣，不平等厌恶就是以自我为中心的。本书的一个主要洞悉是异质偏好会以一种重要的诱导力与经济环境相互作用。需要特别指出的是，经济环境决定着偏好类型，这些偏好类型决定了均衡中的主流行为。例如，在确定性竞争环境下，一个纯自利参与人可以诱使大量公平偏好参与人以完全自利的行为采取行动；在某些环境里，几个公平偏好参与人可以促使大多数纯自利参与人为公共物品进行捐献。在劳动契约关系中，公平偏好类型工人的存在也可以诱使自利偏好类型企业提供高于竞争水平的工资。这表明，在异质偏好存在的情况下，经济环境具有全新的影响维度。

二　F－S 模型

费尔（Fehr）等人的公平理论有两个假设，首先，存在两类博弈参与人：自利偏好参与人和公平偏好参与人。自利偏好参与人就是新古典经济理论所指的自利性的理性经济人；公平偏好参与人就是不平等厌恶参与人，他们以等分收益为公平标准，如果他们的物质收益变得更差，他们会感到不公平；如果变得更好，他们也会感到不公平。其次，一般而言，人

---

① 描述公平偏好的理论模型主要有三类：第一类是基于收益公平的原则，强调收益公平分配；第二类基于行为动机公平的原则，强调行为背后的动机；第三类基于收益公平和动机公平，既强调收益公平又强调动机公平。本书使用基于收益公平的理论模型。

们虽然关注公平，但是关注自己的程度要高于关注他人的程度，因此，假设公平偏好参与人对不利不平等的厌恶要强于有利不平等的厌恶。

一般地，考虑一个 n 人集合 $\{1, 2, \cdots, n\}$，$x = \{x_1, \cdots, x_n\}$ 表示货币收益向量，参与人 i 的效用函数由下式给出：

$$U_i(x) = x_i - \alpha_i \frac{1}{n-1} \sum_{j \neq i} \max\{x_j - x_i, 0\} - \beta_i \frac{1}{n-1} \sum_{j \neq i} \max\{x_i - x_j, 0\}$$

$$(3.1)$$

在这里，x_i 是参与人 i 的货币收益，$\beta_i \leq \alpha_i$，$0 \leq \beta_i < 1$。

在双人博弈情况下，上式可简化为：

$$U_i(x) = x_i - \alpha_i \max\{x_j - x_i, 0\} - \beta_i \max\{x_i - x_j, 0\}, i \neq j \qquad (3.2)$$

在式（3.1）（3.2）中的第一项是参与人 i 的货币收益，第二项测度来自不利不平等的效用损失，第三项测度来自有利不平等的效用损失。图3.1 描述了参与人 i 的效用，对于给定的收入 x_i，这个效用是 x_j 的函数。给定货币收益 x_i，参与人 i 的效用函数在 $x_j = x_i$ 时最大，来自不利不平等的效用损失大于来自有利不平等的效用损失。

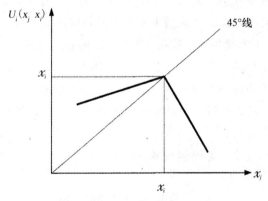

图 3.1 公平偏好

资料来源：Fehr, Ernst, and Schmidt, Klaus, M., "A Theory of Fairness, Competition and Cooperation," *Quarterly Journal of Economics*, Vol. 114, No. 3 (1999) pp. 817-868.

在费尔等人的公平效用函数中，假设效用函数对不平等厌恶与 x_i 一样是线性的，这意味着货币收入和不平等之间的边际替代率是常数。现实情况可能不完全是这样的，但是他们的证据表明，许多似乎相互矛盾的实验观察数据能够基于这个简单的效用函数来解释。

一方面，$\beta_i \leq \alpha_i$ 的假设涵盖了来自不利不平等的损失要大于有利不平等的损失。$\beta_i \leq \alpha_i$ 意味着参与人在社会比较中是损失厌恶的：负偏差的损失大于正偏差的损失。大量的文献表明，损失厌恶是普遍现象（Tversky and Kahneman，1991），因此，损失厌恶会影响社会比较，是一种很自然的事情。

在模型中，假设 $0 \leq \beta_i < 1$，$\beta_i \geq 0$ 意味着排除了喜欢收益大于对方的参与人。虽然确实会存在部分参与人 $\beta_i < 0$ 的情况，但是喜欢收益大于对方的参与人其实与自利偏好参与人已经没有根本区别了，况且在实验情境下，考虑 $\beta_i < 0$ 的个体对均衡行为没有产生本质的影响。

假设参与人 i 比 j 具有较高的货币收益，这样，$\beta_i = 0.5$ 意味着参与人 i 在保留 1 美元给自己与给参与人 j 1 美元便没有差异；如果 $\beta_i = 1$，则表示参与人 i 愿意放弃 1 美元，以降低自己相对于 j 的优势，这似乎是不符合常理的，这就是没有考虑 $\beta_i \geq 1$ 情况的原因。

另一方面，没有关于 α_i 上界的判断。假设 i 比 j 具有较低的货币收益，如果可以降低对方 $(1 + \alpha_i)/\alpha_i$ 美元的收益，参与人 i 会放弃 1 美元的收益。例如，当 $\alpha_i = 4$ 时，如果可以降低对方 1.25 美元的收益，参与人 i 愿意放弃 1 美元。因此，在模型中就没有必要限定 α_i 的上界。

如果有 n > 2 个参与者，参与人 i 将自己的收入与所有其他 n－1 个人相比，这样，来自不平等的效用损失可以通过第二项、第三项除以 n－1 来标准化。为了确保不平等厌恶对参与人 i 总收益的相对影响是独立于参与者数量的，这样的标准化是必要的。此外，为简化起见，假设来自不平等的效用损失是以自我为中心的，即参与人 i 将自己的收入与其他人作比较，但是不关心其他人之间的不平等问题。

第二节　单次交往劳动契约行为

一　劳动契约模型

劳动契约关系的重要特点是雇员行为的不可验证性、当事人偏好异质性以及交往的长期重复性。描述劳动契约关系的模型有很多，其中最具代表性的是费尔、克奇斯特杰和里德尔（Fehr、Kirchsteiger & Riedl，1993）所使用的一个礼物交换博弈模型，费尔等人的礼物交换博弈模型形象地再现了劳动契约关系的基本特征，已经成为实验劳动力市场研究的经典模型。为了进一步讨论劳动契约关系，本书使用费尔等人的礼物交换博弈模型的一个修订版本进行分析。

　　企业（F）向工人（W）提供一个劳动契约要约 $[w, \bar{e}]$，其中，w 表示企业承诺提供的工资，$\bar{e}$ 表示企业希望工人实施的努力程度。工人可以选择接受契约要约，也可以选择拒绝该契约要约。如果工人选择拒绝接受契约，则双方的交易终止，企业没有任何交易收益，工人获得失业收益（在此，失业收益设定为5）；如果工人选择接受劳动契约，那么在企业和工人之间就形成了一个有约束力的劳动契约，在这个契约中，企业承诺支付的工资 w 是具有强制约束力的，无论工人的努力水平如何，企业都必须按照契约约定的工资进行支付。

　　在契约执行过程中，工人需要确定一个努力水平 $e \in [\underline{e}, \bar{e}]$①，工人实际选择何种水平的努力程度，取决于工人的意愿，企业能够观察到工人的努力水平，但是不能被像法院这样的第三方所验证，即工人选择的努力水平不受企业的劳动契约约束；工人提供努力水平是有成本的，并且努力水平越高，工人付出的努力成本就越高，工人的努力成本用 $c(e) > 0$ 表示，且 $c'(e) > 0, c''(e) > 0$，那么，企业从此项雇佣交易中所获得的收益为：

$$\pi_f = \begin{cases} 10e - w & \text{如果签订契约} \\ 0 & \text{如果没有签订契约} \end{cases} \tag{3.3}$$

雇员获得的收益是：

$$\pi_w = \begin{cases} w - c(e) & \text{如果签订契约} \\ 5 & \text{如果没有签订契约} \end{cases} \tag{3.4}$$

企业提供的工资范围是：$w \in [1, 2, \cdots, 100]$。

工人的努力水平选择范围是：$e \in [1, 2, \cdots, 10]$。

表 3.1　　　　　　　　　　　　工人的努力成本函数

努力水平（e）	1	2	3	4	5	6	7	8	9	10
努力成本 $c(e)$	0	1	2	4	6	8	10	12	15	18

---

① $\underline{e}$ 是工人可以提供的最低努力水平，$\bar{e}$ 是工人可以提供的最高努力水平。

假设劳动力市场中存在两种类型的工人：自利偏好工人和公平偏好工人。与自利偏好工人不同，公平偏好工人将公平分配剩余收益作为公平判断的参照点，他们不仅仅考虑自己的物质收益，而且考虑其他人的收益。

按照费尔和施密特（1999）发展的公平理论，公平偏好工人的效用函数为：

$$U(\pi) = \pi_w - \alpha \max\{\pi_f - \pi_w, 0\} - \beta \max\{\pi_w - \pi_f, 0\} \qquad (3.5)$$

在本书的劳动契约模型中，企业先提出契约要约，在要约中规定了愿意支付的工资水平和期望的努力水平，工人只要按照契约要求提供努力，就满足了企业的要求。如果按照企业所期望的努力水平提供努力水平，工人获得的收益要高于企业的收益，公平偏好工人不会因此而产生愧疚感，因此，在本书的模型分析中，笔者对费尔和施密特（1999）的公平模型进行了修订，不需要考虑公平偏好工人的有利不平等所带来的效用损失。按照期望努力水平计算，企业提供的工资低于均分收益，公平偏好工人就会像自利偏好工人一样行动，如果企业提供的工资不低于均分收益，公平偏好工人就会按照契约的约定行动。

如果一个公平偏好工人没有履行公平契约，他的良心会自责。假设没有履行公平契约的边际负效用总是大于努力的边际成本（$\beta > 3$）①，那么，一个公平偏好工人至少将总是遵循提供给他的公平收益条款契约。如果企业提供不公平的契约条款，而公平偏好工人选择偷懒，公平偏好工人不会受到良心的谴责。

公平偏好工人的效用是：

$$u_w(w, e, \tilde{e}) = \begin{cases} \pi_w & w - c(\tilde{e}) < 10\tilde{e} - w \\ \pi_w - \beta' \max[\tilde{e} - e; 0] & w - c(\tilde{e}) \geqslant 10\tilde{e} - w \end{cases} \qquad (3.6)$$

自利偏好工人的效用函数是：

$$u_w(w, e, \tilde{e}) = \pi_w \qquad (3.7)$$

从式（3.6）（3.7）中可以推论，为了激励公平偏好工人实施任何大于 1 的期望努力水平，企业至少必须提供共享工资为：

$$\dot{w}(\tilde{e}) = 5\tilde{e} + \frac{1}{2}c(\tilde{e}) \qquad (3.8)$$

---

① 在本章的模型假设中，努力的边际成本最高是为 3，假设 $\beta > 3$，则意味着公平偏好工人总是会遵循公平契约的。

表 3.2　　　　　　　　　　　　公平偏好工人的共享工资

努力水平（$\bar{e}$）	2	3	4	5	6	7	8	9	10
共享工资（$\hat{w}(\bar{e})$）	11	16	22	28	34	40	46	53	59

注：努力程度为 2 时的共享工资是 10.5，由于在本模型中假设工资为整数，因而努力程度 2 所对应的共享工资是 11。余同。

在单次博弈中，一个企业知道，如果与一个自利偏好工人达成劳动契约，他将总是提供最小努力水平；企业也知道，工人是自利偏好的概率为 $1-p$，是公平偏好的概率为 p。如果公平偏好工人接受契约，那么他接受的若是收益共享型契约，即 $w \geqslant \hat{w}(\bar{e})$，他将提供约定的努力水平（$e = \bar{e}$）；他接受的契约若是非收益共享型劳动契约，即 $w < \hat{w}(\bar{e})$，他将提供最低努力水平。在单次博弈中，企业来自被接受契约的预期收益是：

$$u_F(w, \bar{e}) = \begin{cases} p10\bar{e} + (1-p)10 - w & w \geqslant \hat{w}(\bar{e}) \\ 10 - w & w < \hat{w}(\bar{e}) \end{cases} \tag{3.9}$$

因此，在存在公平偏好工人的劳动力市场中，如果公平偏好工人的比例足够大，即使是单次雇佣交往，也会产生高于竞争性均衡的结果。

二　劳动过剩环境中单次交往劳动契约行为

按照劳动力的供求关系，可能存在劳动供给短缺、劳动供给过剩或者劳动供求平衡等劳动供求关系，因而也就存在不同的劳动力市场。不过，在一般情况下，劳动剩余或者供求平衡还是比较普遍的情况，因此下面分析在劳动剩余市场环境中单次交往的劳动契约行为。

在劳动力市场中存在两种类型的工人：自利偏好工人和公平偏好工人。自利偏好工人的概率是 $1-p$，公平偏好工人的概率是 p。同样地，在劳动力市场中也存在两种类型的企业：自利偏好企业与公平偏好企业。由于本书的研究是基于实验室实验的研究，企业与工人都由实验被试模拟，而且企业与工人的身份是随机分配的，因此可以假设公平偏好企业的概率也是 p，自利偏好企业的概率为 $1-p$。

（一）　自利偏好企业的行为

为了便于处理且不失一般性，假设有 $n>2$ 个参与人，其中有 $n-1$ 名工人，只有 1 家企业。

命题 3.1：在单次交往的劳动力市场中，存在 $n>2$ 个参与人，其中有 $n-1$ 名工人，只有 1 家企业，企业是自利偏好的，工人是公平偏好的概率为 p。如果 $p<0.55$，则不存在工人努力水平大于 1 的完美贝叶斯均衡；如果 $0.55<p<0.6$，则存在一个公平偏好工人努力水平等于 3，自利偏好工人努力水平为 1 的完美贝叶斯均衡；如果 $0.6\leqslant p<0.65$，则存在一个公平偏好工人努力水平为 8，自利偏好工人努力水平为 1 的完美贝叶斯均衡；如果 $p\geqslant 0.65$，则存在一个公平偏好工人努力水平为 10，自利偏好工人努力水平为 1 的完美贝叶斯均衡。

证明：下面分三步对命题 3.1 进行证明。

第一步：自利偏好企业提供共享工资的最低公平偏好工人概率。

由于工人的失业收益是 5，自利偏好工人的参照点是失业收益，只要收益不低于失业收益，自利偏好工人就会接受劳动契约；对于公平偏好工人而言，其关注的是公平，只要企业提供的契约可以使双方均分收益，公平偏好工人就会接受契约。因此，如果企业期望工人提供努力程度为 1 的劳动（也就是最低努力程度），只须提供 [5,1] 的劳动契约。如果企业提供 [5,1] 的劳动契约，无论是自利偏好工人还是公平偏好工人，都会执行这个劳动契约。按照 [5,1] 的契约执行，企业和工人分别可以获得收益 5。

在命题 3.1 中，假设企业是自利偏好的，因此，只有预期收益不低于 5，企业才会提供与高努力水平相对应的工资契约。企业的均衡契约是 $u_F(w^*,\tilde{e}^*)=5$，也即

$$w^*(p,\tilde{e})=p10\tilde{e}+(1-p)10-5 \tag{3.10}$$

因此，公平偏好工人比例越高，自利偏好企业就会提供越高的共享工资。在不同的期望努力水平下，自利偏好企业为公平偏好工人提供共享工资的最小概率是：

$$\hat{p}(\tilde{e})\geqslant\frac{\hat{w}(\tilde{e})-5}{10(\tilde{e}-1)} \tag{3.11}$$

根据式（3.8）的共享工资和式（3.11），可以计算出企业提供共享工资的最低公平偏好工人比例。

表 3.3　　　　　　　　　劳动过剩环境中自利偏好企业
提供共享工资要求的最低公平偏好工人概率

努力水平 $\bar{e}$	2	3	4	5	6	7	8	9	10
公平偏好工人概率 $\hat{p}(\bar{e})$	0.60	0.55	0.567	0.575	0.58	0.583	0.586	0.60	0.60

注：按照均分剩余收益计算，努力程度为 2 时，均分剩余收益是 10.5，由于在设计中将工资限定为整数，因此将均分剩余收益的工资设定为 11。在公平偏好工人的概率是 0.55 的情况下，提供工资 11，企业所获得的货币收益是 4.5，企业为了实现 5 的最低收益，需要较高的公平偏好工人概率。表 3.4 同此。

通过表 3.3 可以发现，在劳动剩余市场环境中，自利偏好企业提供共享工资的最低公平偏好工人概率是 0.55。如果公平偏好工人的概率低于 0.55，自利偏好企业不会提供与高于最低努力水平相对应的共享工资。

第二步：努力水平低于 8 的贝叶斯均衡。

对于给定的工资水平，公平偏好工人提供使双方均分剩余的努力水平，即使得：

$$10e - w = w - c(e) \tag{3.12}$$

对上式求微分，得到：

$$\partial e / \partial w = 2 / [10 + c'(e)] \tag{3.13}$$

在单次交往中，工人的类型没有被揭露，企业不知道工人是自利偏好的还是公平偏好的，但是，企业知道工人是公平偏好的概率是 p，并且企业知道，自利偏好工人会选择逃避责任，提供最低的努力水平，而公平偏好工人会提供平分剩余收益的努力水平，这样，企业的预期货币收益是：

$$E\pi_f = p[10e(w) - w] + (1 - p)[10 - w]$$
$$= 10pe(w) - w + 10(1 - p) \tag{3.14}$$

在这里，$e(w)$ 是公平偏好工人提供的努力水平，也就是均分剩余收益的努力水平，p 是工人公平偏好的概率。

对上式求 w 的微分，可以得到：

$$\partial E\pi_f / \partial w = 10p(\partial e / \partial w) - 1 \tag{3.15}$$

由于 $\partial e / \partial w = 2 / [10 + c'(e)]$，代入上式，可以得到：

$$\partial E\pi_f / \partial w = 20p / (10 + c'(e)) - 1 \tag{3.16}$$

根据表 3.1，努力程度在 $\{1, 2\}$ 之间时，$c'(e) = 1$；努力程度在 $\{3, 4, 5, 6, 7, 8\}$ 之间时，$c'(e) = 2$；努力程度在 $\{9, 10\}$ 之间时，$c'(e) = 3$。由于努力水平 2 所对应的公平偏好工人概率已经大于努力水平 3 所对应的公平偏好工人的概率，因此，在此主要考虑努力程度在 3 以上的情况。

如果努力程度在 $\{3, 4, 5, 6, 7, 8\}$ 之间时，$c'(e) = 2$，代入上式，可以得到：

$$\frac{\partial E\pi_f}{\partial w} = \frac{5}{3}p - 1 \tag{3.17}$$

令上式等于 0，可以推出 $p = 0.6$。

这样，当 $p = 0.6$ 时，也即公平偏好工人的概率是 0.60 时，对于任何使努力水平在集合 $\{3, 4, 5, 6, 7, 8\}$ 之间的工资，企业的收益是相同的，没有随着共享工资的增加而增加。

如果上式大于 0，也即 $p > 0.6$，企业的收益随着使努力水平在集合 $\{3, 4, 5, 6, 7, 8\}$ 之间共享工资的增加而增加，自利偏好企业就会提供使努力水平达到 8 的共享工资。

如果上式小于 0，也即 $0.55 < p < 0.6$，企业的收益随着使努力水平在集合 $\{3, 4, 5, 6, 7, 8\}$ 之间共享工资的增加而减少，自利偏好企业只会提供使努力水平达到 3 的共享工资。

第三步：努力水平大于 8 的贝叶斯均衡。

如果努力程度在 $\{9, 10\}$ 之间，$c'(e) = 3$，代入式 (3.15)，可以得出：

$$\frac{\partial E\pi_f}{\partial w} = \frac{20}{13}p - 1 \tag{3.18}$$

令上式等于 0，得到 $p = 0.65$。当公平偏好工人的概率是 0.65 时，对于任何使努力水平在集合 $\{9, 10\}$ 之间的工资，企业的收益是相同的，没有随着工资的增加而增加。

如果上式大于 0，那么 $p > 0.65$，即当公平偏好工人的概率大于 0.65 时，对于任何使努力水平在集合 $\{9, 10\}$ 之间的工资，自利偏好企业就会提供使努力水平达到 10 的工资。

如果上式小于 0，那么 $0.60 < p < 0.65$，即当公平偏好工人的概率小于 0.65，且大于 0.60 时，对于任何使努力水平在集合 $\{9, 10\}$ 之间的工资，自利偏好企业就会提供使努力水平达到 9 的工资。

证明完毕。①

（二）公平偏好企业的行为

在单次交往中，自利偏好工人将会在任何 $\bar{e}>1$ 时选择偷懒，这会导致对公平偏好企业的不利不平等。由于假设公平偏好工人会提供均分剩余收益的努力水平，如果企业与公平偏好工人交易，企业和工人的收益相等，公平偏好企业的效用就等于其货币收益；而如果企业与自利偏好工人交易，因为自利偏好工人的偷懒行为，将会产生对公平偏好企业不利的不公平。

命题 3.2：在单次交往劳动力市场中，存在 $n>2$ 个参与人，其中有 $n-1$ 名工人，只有 1 家企业，企业是公平偏好的，公平偏好工人的概率是 p，自利偏好工人的概率是 $1-p$。如果 $p<0.71$，不存在工人努力水平大于 1 的完美贝叶斯均衡；如果 $p>0.79$，存在公平偏好工人努力水平为 10，自利偏好工人努力水平为 1 的完美贝叶斯均衡。

证明：

由于公平偏好工人的概率是 p，那么公平偏好企业的效用为：

$$EU_f = E\pi_f - (1-p)\alpha(w - (10 - w))$$

$$= E\pi_f - (1-p)\alpha(2w - 10)$$

$$= 10pe(w) - w + 10(1-p) - (1-p)\alpha(2w - 10)$$

$$= 10pe(w) - w - (1-p)\alpha 2w + 10(1-p) + (1-p)10\alpha \quad (3.19)$$

由于是劳动剩余市场，只有预期效用不低于 5，企业才会提供与高努力水平相应的工资契约。企业的均衡契约是 $EU_f = 5$，即

$$10pe(w) - w - (1-p)\alpha 2w + 10(1-p) + (1-p)10\alpha = 5 \quad (3.20)$$

由于 $\alpha \geq \dfrac{1}{2}$，取 α 的最小值 $\dfrac{1}{2}$ ②，可以得到：

$$10pe(w) - w - (1-p)w + 15(1-p) = 5 \quad (3.21)$$

因此，公平偏好工人比例越高，公平偏好企业就会提供越高的共享工资。在不同的期望努力水平下，公平偏好企业提供共享工资的公平偏好工人最小概率是：

---

① 本章命题的证明过程参考了 Brown, Falk, & Fehr, 2008, "Competition and Relational Contracts: The Role of Unemployment as a Disciplinary Device," IZA Discussion Papers.

② 在费尔等人的公平理论模型中，$\alpha = \beta = 0.5$ 意味着参与人愿意平分剩余收益。α 值越高，意味着公平偏好企业越不是平等厌恶的，这里取最小值 0.5，意味着这是最低的公平偏好工人比例。

$$p \geqslant \frac{2w - 10}{10e(w) + w - 15} \qquad (3.22)$$

对式（3.22）求解，可以获得公平偏好企业提供与不同努力水平对应的共享工资的最低公平偏好工人概率。

表 3.4　　　　　　劳动过剩环境中公平偏好企业提供共享
工资要求的最低公平偏好工人概率

努力水平 $\bar{e}$	2	3	4	5	6	7	8	9	10
公平偏好工人概率 $\hat{p}(\bar{e})$	0.75	0.71	0.723	0.730	0.734	0.737	0.739	0.75	0.75

注：努力水平 2 对应的公平偏好工人概率大于努力水平 3 对应的公平偏好工人概率。具体解释见表 3.3。

通过表 3.4 可以发现，当公平偏好工人的概率低于 0.71 时，公平偏好企业不会提供高于最低努力水平的共享工资，只会提供 $[w, \bar{e}] = [5, 1]$ 的劳动契约，也就不存在工人努力水平大于 1 的完美贝叶斯均衡。

将式（3.19）对 w 求导数，得到：

$$\frac{\partial EU_f}{\partial w} = 10p \frac{2}{10 + c'(e)} - 1 - 2(1 - p)\alpha$$

$$= \frac{20}{11}p - 1 - 2(1 - p)\alpha \qquad (3.23)$$

由于 $\alpha \geqslant \frac{1}{2}$，取 α 的最小值 $\frac{1}{2}$，可以得到：

$$\frac{\partial EU_f}{\partial w} = 10p \frac{2}{10 + c'(e)} - 1 - (1 - p) \qquad (3.24)$$

如果努力程度在 $\{3, 4, 5, 6, 7, 8\}$ 之间时，$c'(e) = 2$，代入上式，可以得到：

$$\frac{\partial EU_f}{\partial w} = \frac{8}{3}p - 2 \qquad (3.25)$$

令上式等于 0，可以得到 $p = 0.75$。如果公平偏好工人的概率是 0.75，对于任何使努力水平在集合 $\{3, 4, 5, 6, 7, 8\}$ 之间的工资，公平偏好企业的效用是相同的，没有随着工资的增加而增加。

如果上式大于 0，也即 $p > 0.75$，企业的效用随着使努力水平在集合 $\{3, 4, 5, 6, 7, 8\}$ 之间共享工资的增加而增加，公平偏好企业就会提供使努力水平达到 8 的共享工资，即公平偏好企业会提供 $[w, \bar{e}]$ = $[46, 8]$ 的劳动契约。

如果上式小于 0，即 $0.71 < p < 0.75$，企业的收益随着使努力水平在集合 $\{3, 4, 5, 6, 7, 8\}$ 之间的共享工资增加而减少，自利偏好企业就会提供使努力水平达到 3 的共享工资，即公平偏好企业会提供 $[w, \bar{e}]$ = $[16, 3]$ 的劳动契约。

努力程度在 $\{9, 10\}$ 之间时，$c'(e)$ = 3，代入式（3.24），可以得到：

$$\frac{\partial EU_f}{\partial w} = \frac{33}{13}p - 2 \tag{3.26}$$

令上式等于 0，可以得到 $p = 0.79$，即当公平偏好工人的概率是 0.79 时，对于任何使努力水平在集合 $\{9, 10\}$ 之间的工资，公平偏好企业的效用是相同的，没有随着工资的增加而增加。

如果上式大于 0，即 $p > 0.79$，公平偏好企业就会提供使努力水平达到 10 的工资，即公平偏好企业会提供 $[w, \bar{e}]$ = $[59, 10]$ 的劳动契约。

如果上式小于 0，即 $0.75 < p < 0.79$，公平偏好企业就会提供使努力水平达到 9 的工资，即公平偏好企业会提供 $[w, \bar{e}]$ = $[53, 9]$ 的劳动契约。

α 值越大，公平偏好企业对自身的不平等厌恶就越大，需要更高比例的公平偏好工人，才会使得公平偏好企业提供较高工资的劳动契约。

证明完毕。

综上所述，在考虑工人和企业的偏好类型以后，工人与企业的行为表现出显著的不同，具体比较见表 3.5。

表 3.5　　企业偏好类型与契约类型组合要求的公平偏好工人概率

公平偏好工人概率　企业类型　契约类型	自利偏好企业	公平偏好企业（$\alpha = 1/2$）
$[w, \bar{e}]$ = $[5, 1]$	$p < 0.55$	$p < 0.71$
$[w, \bar{e}]$ = $[46, 8]$	$p = 0.60$	$p = 0.75$
$[w, \bar{e}]$ = $[53, 9]$	$0.6 < p < 0.65$	$0.75 < p < 0.79$
$[w, \bar{e}]$ = $[59, 10]$	$0.65 < p$	$p > 0.79$

三　劳动短缺环境中单次交往劳动契约行为

在劳动力短缺的市场环境中,由于企业之间存在竞争,企业与工人的行为与劳动剩余的劳动力市场环境中的行为应有所不同。

(一) 自利偏好企业的行为

为了便于处理而又不失一般性,本书假设了简单的交易框架:假设有 $n \geq 2$ 个参与人,其中有 $n-1$ 家企业,只有 1 个工人。

命题 3.3:在单次交往的劳动力市场中,存在 $n > 2$ 个参与人,其中有 $n-1$ 家企业,只有 1 个工人,企业是自利偏好的,工人是公平偏好的概率为 p。如果 $p < 0.10$,则不存在工人努力水平大于 1 的完美贝叶斯均衡;如果 $p > 0.544$,则存在一个公平偏好工人努力水平等于 10,自利偏好工人努力水平为 1 的完美贝叶斯均衡。

证明:

在单次博弈中,只要收益不低于失业收益 5,自利偏好工人就会接受劳动契约,对于公平偏好工人而言,只要均分收益就会接受契约。由于劳动短缺,企业之间的竞争会导致自利偏好企业获取非零利润。

因为企业是自利偏好的,只有预期收益大于 0,企业才会提供与高努力水平相应的工资契约。企业的均衡契约是 $u_F(w^*, \tilde{e}^*) = 0$,即

$$w^*(p, \tilde{e}) = p10\tilde{e} + (1-p)10 \tag{3.27}$$

因此,自利企业提供使公平偏好工人努力水平大于 1 的工资的最小概率是:

$$\hat{p}(\tilde{e}) \geq \frac{\dot{w}(\tilde{e}) - 10}{10(\tilde{e} - 1)} \tag{3.28}$$

根据上述的共享工资,可以计算出企业提供共享工资的最低公平偏好工人比例。

表 3.6　　　　劳动短缺环境中自利偏好企业提供共享工资的
最低公平偏好工人概率

努力水平 $\tilde{e}$	2	3	4	5	6	7	8	9	10
公平偏好工人概率 $\hat{p}(\tilde{e})$	0.1	0.3	0.4	0.45	0.48	0.5	0.514	0.538	0.544

因此，当 $\dot{p}(\bar{e}) < 0.1$，则不存在工人努力水平大于 1 的完美贝叶斯均衡；如果 $p > 0.544$，则存在一个工人努力水平等于 10 的完美贝叶斯均衡。

证明完毕。

（二）公平偏好企业的行为

在单次交往中，自利偏好工人将会在任何 $\bar{e} > 1$ 时选择偷懒，这会导致对公平偏好企业的不利不平等。由于假设公平偏好工人会提供均分剩余收益的努力水平，如果企业与公平偏好工人交易，企业和工人的收益相等，公平偏好企业的效用就等于其货币收益，而如果企业与自利偏好工人交易，因为自利偏好工人的偷懒行为，将会产生对公平偏好企业的不利不公平。

命题 3.4：在单次交往的劳动力市场中，存在 $n > 2$ 个参与人，其中有 $n-1$ 家企业，只有 1 名工人，企业是公平偏好的，公平偏好工人的概率是 p。如果 $p < 0.438$，则不存在工人努力水平大于 1 的完美贝叶斯均衡；如果 $p > 0.715$，则存在一个公平偏好工人努力水平等于 10，自利偏好工人努力水平为 1 的完美贝叶斯均衡。

证明：

如果公平偏好工人的概率是 p，那么公平偏好企业的效用为：

$$EU_f = E\pi_f - (1-p)\alpha(w - (10-w))$$
$$= E\pi_f - (1-p)\alpha(2w-10)$$
$$= 10pe(w) - w + 10(1-p) - (1-p)\alpha(2w-10)$$
$$= 10pe(w) - w - (1-p)\alpha 2w + 10(1-p) + (1-p)10\alpha \quad (3.29)$$

由于 $\alpha \geqslant \frac{1}{2}$，取 α 的最小值 $\frac{1}{2}$ 来计算公平偏好企业的选择。

$$EU_f = 10pe(w) - 2w + pw + 15(1-p) \quad (3.30)$$

由于劳动短缺，企业之间存在竞争，只要预期效用大于 0，就会满足公平偏好企业的参与约束。

同时，公平偏好工人比例越高，自利偏好企业就会提供越高的共享工资。在不同的期望努力水平下，自利偏好企业提供共享工资的公平偏好工人最小概率是：

$$p \geqslant \frac{2w - 15}{10e(w) + w - 15} \quad (3.31)$$

对式（3.31）求解，可以获得公平偏好企业提供与不同努力水平相对应的共享工资的最低公平偏好工人概率。

表 3.7　　　　　劳动短缺环境中公平偏好企业提供共享工资的
最低公平偏好工人概率

努力水平 $\bar{e}$	2	3	4	5	6	7	8	9	10
公平偏好工人概率 $\hat{p}(\bar{e})$	0.438	0.548	0.617	0.651	0.671	0.684	0.694	0.711	0.715

通过表 3.7 可以发现，当公平偏好工人的概率低于 0.438 时，公平偏好企业不会提供高于最低努力水平的共享工资，只会提供 $[w, \bar{e}] = [5, 1]$ 的劳动契约，也就不存在工人努力水平大于 1 的完美贝叶斯均衡。如果公平偏好工人的概率大于 0.715，公平偏好工人提供与努力水平 10 对应的共享工资的预期效用不会低于 0，那么存在努力水平为 10 的完美贝叶斯均衡。

证明完毕。

第三节　重复交往劳动契约行为

在单次交往模型中，不仅自利偏好工人与公平偏好工人之间存在很大的行为差别，自利偏好企业与公平偏好企业的行为也存在很大的差别。给定公平偏好工人的概率，自利偏好企业就会提供较高的共享工资契约，而公平偏好企业则会提供较低的共享工资契约。那么在重复性交往中，工人与企业的行为会怎么样？下面进行具体分析。

一　劳动过剩环境中重复交往劳动契约行为

在第二节里可以看到，不同的公平偏好工人概率（ p ）、不同的不利不平等厌恶系数（ α ）对工人和企业的行为具有重要的影响作用。在重复交往中，同时考虑这么多变量无疑是复杂的，为了便于处理，在不失一般性的情况下，本节对 $p = 0.6$， $\alpha = 1/2$ 的情况进行重复交往分析。

命题 3.5：在一个 $T > 1$ 期的劳动力市场中，为不失一般性，假设存在 $n > 2$ 个参与人，其中只有 1 家企业， $n - 1$ 个工人，公平偏好工人和公平偏好企业的概率（p）是 0.6，自利偏好工人和自利偏好企业的概率是 0.4，公平偏好工人和公平偏好企业的利他不平等厌恶系数（α_i）和利己不平等厌恶系数（β_i）均为 $0.5 + \varepsilon$，那么在有限期重复交往中，下述策略构成一个完美贝叶斯均衡：

工人的策略：

如果企业提供共享工资契约，公平偏好工人接受契约，并实施所要求的努力水平；自利偏好工人接受使他们获得不低于失业收益的契约，在非最后时期提供契约要求的努力水平，在最后时期提供最低努力水平。

企业的策略：

1. 在第 1 期，企业向随机选择的工人提供契约 [59，10]。

2. 在 1 < t < T − 1 期，如果前一期的工人努力水平为 10，企业向在位工人提供契约 [59，10]；如果工人前一期的努力水平小于 10，企业向其他工人提供契约 [59，10]；如果企业已经与所有工人交易过，并且前一期努力水平小于 10，那么企业向所有工人提供契约 [5，1]。

3. 在时期 T − 1，企业向随机选择的工人提供契约 [40，7]。

4. 在时期 T，自利偏好企业向随机选择的工人提供契约 $[w, \bar{e}]$ = [34，6]，而公平偏好企业向随机选择的工人提供契约 $[w, \bar{e}]$ = [5，1]。

5. 企业相信在非最后一期选择偷懒的工人是自利偏好的。

证明：

在努力水平为 {1，2} 之间时，努力程度为 1 是最低的努力水平，努力水平为 2 也属于较低的努力水平范畴，因此，在重复交往分析过程中，不考虑努力水平在 {1，2} 之间的情况。由于当 $p = 0.6$ 时，自利偏好企业可以从较高的工资中获得大于最低水平的收益，因此，本书主要考虑努力水平在 {3，4，5，6，7，8} 之间的情况。

首先考虑第 T 期的努力和工资决策。

企业在第 T 期决策时，工人的类型没有被披露，企业不知道工人的具体类型，但知道工人公平偏好的概率是 0.6。这样，第 10 期的决策就相当于单次交往决策。

根据第二节的分析，如果 $p = 0.6$，自利偏好企业会提供使得公平偏好工人实施努力程度在 {3，4，5，6，7，8} 之间的工资，而公平偏好企业只会提供 [5，1] 的劳动契约。这样，在最后一期中，公平偏好企业的效用最大化劳动契约是 $[w,\bar{e}]=[5,1]$，而自利偏好企业的一个（非唯一）效用最大化劳动契约是 $[w,\bar{e}]=[34,6]$。本书下面的讨论基于自利偏好企业在最后一期提供 $[w,\bar{e}]=[34,6]$ 的契约，但是由于最优要约的非唯一性，不同的假设也是同等合理的。

其次考虑第 T−1 期（倒数第二期）的情况。

在第 T−1 期，工人不知道在第 T 期会与哪种类型的企业交往。假设他们在第 T−1 期实施了所要求的努力水平。

在本书的假设中，公平偏好工人和公平偏好企业的概率都是 0.6，公平偏好工人和自利偏好工人的概率都是 0.4。这样，一个不知道企业类型的公平偏好工人在第 T 期的预期收益是：

$$E\pi_w = 0.6 \times 5 + 0.4 \times (34-8) = 13.4$$

一个不知道企业类型的自利偏好工人在第 T 期的预期收益是：

$$E\pi_w = 0.6 \times 5 + 0.4 \times (34-0) = 16.6$$

因此，公平偏好工人在最后一期获得的预期剩余收益是 13.4−5 = 8.4，自利偏好工人在最后一期获得的预期剩余收益是 16.6−5 = 11.6。

如果自利偏好工人在第 T−1 期偷懒，企业就不会在下一期与其继续签订契约，这样，在下一期，该自利偏好工人就只能获得 5 的最低收益。由于在下一期失业的净损失为 11.6，这样，自利偏好工人就会在第 T−1 期提供最多 $\bar{e}=7$ 的努力水平。因为当努力水平 $\bar{e}=7$ 时，$c(e)=10$，小于净损失 11.6，而当努力水平 $\bar{e}>7$ 时，$c(e)>12$，大于净损失 11.6。

在 T−2 期，自利偏好工人来自最后两期雇佣的预期租金是：

$$E\pi_w = [(40-10)-5] + 11.6 = 36.6$$

这意味着在 T−2 期，自利偏好工人可以被诱使提供 $\bar{e}=10$ 的努力水平，因为 $c(10)=18<36.6$。因此，提供契约 $[w,\bar{e}]=[59,10]$ 对所有企业来说都是最优的。使用逆向归纳法，在所有前一时期，这也是最优的。公平偏好工人选择 $e=\bar{e}=10$，是因为在 $w=59$ 时，这是一个公平选择，而自利偏好工人选择 $e=10$，是因为不能继续签约的威胁提供了足够的激励。

公平偏好工人会接受任何共享契约，并按照共享契约执行，因而公平偏好工人从来都不会通过拒绝低的要约来惩罚企业。

证明完毕。

二　劳动短缺环境中重复交往劳动契约行为

现在考虑一个劳动力超额需求的多期博弈。为了简化处理，本书假设了简单的交易程序。假定有 n > 2 个参与人，n - 1 个企业，1 位工人。n - 1 家企业同时分别提出契约，然后工人选择其最偏好的契约，并选择实际努力水平。

命题 3.6：在一个 T > 1 期的劳动力市场中，为不失一般性，假设存在 n > 2 个参与人，其中只有 1 位工人，n - 1 家企业，公平偏好工人的概率（p）是 0.6，自利偏好工人的概率是 0.4，那么在有限期重复交往中，下述策略构成一个完美贝叶斯均衡：

工人的策略是：

如果企业提供共享工资契约，公平偏好工人接受契约，并实施要求的努力水平；自利偏好工人接受使他们获得不低于失业收益的契约，在非最后时期提供契约所要求的努力水平，在最后时期提供最低努力水平。

企业的策略是：

1. 所有企业在第 1 期的初始契约是 [100，10]。

2. 在 1 < t < T 期，如果工人在前一期提供所要求的努力水平，在位企业提供契约 [59，10]；如果工人偷懒，企业在所有后一期提供 [10，1] 的契约。在时期 T，如果工人在所有前一期都提供所要求的努力程度，在位企业提供契约 [46，8]；如果工人偷懒，企业提供契约 [10，1]。

3. 在任何 t > 1 期，外部企业（那些在 t - 1 期没有交易的企业）提供契约 [10，1]。

4. 在第 1 期，工人选择一个契约，并提供企业所期望的最高努力水平 10，不管工人是自利的还是公平的，在时期 1 < t < T，工人接受其在位企业的契约，提供最高努力水平；在最后一期，工人接受在位企业的契约。如果工人是自利偏好的，则提供努力水平 1；如果工人是公平偏好的，侧提供努力水平 10。

5. 在位企业相信，如果工人偷懒，就证明他是自利的，外部企业相信，如果工人在任何 t > 1 期转换企业，那么，他是公平偏好工人的概率低于 0.1。

证明：

下面分 5 步进行证明。

第一步，公平偏好工人的行为：

如果契约至少平分剩余收益（ $w_t^* \geqslant \hat{w}(\bar{e}_t)$ ），在 t 期，公平偏好工人提供期望的努力水平。因为外部企业只提供 [10, 1] 的契约，工人的最优选择总是接受在位企业的契约。

第二步，自利偏好工人的行为：

在最后一期（T 期），自利偏好工人将接受最高工资契约，提供最低努力水平 1。如果自利偏好工人在所有期都这样行动，企业唯一的策略是提供契约 $[w_T, \bar{e}_T]$ 。现在考虑自利偏好工人在 t < T 期的努力选择。如果他选择偷懒，他将获得契约 [10, 1]，在以后的各期获得 10 的收益；如果他提供在位企业所期望的努力水平，花费成本 18，但是获得重复契约，契约工资是共享工资。如果下述激励约束条件得到满足，自利偏好工人将提供最高努力水平。

自利偏好工人的激励相容条件是：

$$- c(\bar{e}_t^*) + \sum_{k=t+1}^{T-1} \left[w_k^* - c(\bar{e}_k^*) \right] + w_T^* \geqslant (T-t)10 \qquad (3.32)$$

自利偏好工人的参与约束条件是：

$$\sum_{k=t}^{T-1} \left[w_k^* - c(\bar{e}_k^*) \right] + w_T^* \geqslant (T-t+1)10 \qquad (3.33)$$

由于在所有的 1 < t < T 期，$[w_k^*, \bar{e}_k^*] = [59, 10]$，$[w_T^*, \bar{e}_T^*] = [46, 8]$，上述条件（3.32）和（3.33）总能得到满足，因此，自利偏好工人选择在 t < T 时期提供最高努力水平 10 是最优选择。

第三步，在位企业在 t > 1 期的契约。

由于假定外部企业只提供 [10, 1] 的契约，在位企业没有对表现良好的工人进行区分，因而企业可以选择最大化自己利益的契约。在 t < T 期，只要 $w_t^* \geqslant \hat{w}(\bar{e}_t)$，自利偏好和公平偏好这两种类型的工人都选择提供契约要求的努力水平，因此，在位企业提供契约 [59, 10] 是利益最大化的契约，这样的契约产生了最大的努力水平，并且平分剩余收益。

在 T 期，在位企业知道只有公平偏好工人将遵循合同，在均衡时，企业不能从 t < T 的任何时期中获得工人类型的信息，因为这两种类型工人的最优策略是提供所要求的努力水平。假定对公平偏好工人概率的理性信念是 p = 0.6，并且没有来自外部企业的竞争，在最后一期提供契约 [46, 8] 就是最优选择。

当契约工资大于等于共享工资时，企业的预期收益是：

$$\pi_f(w, \tilde{e}) = p10\tilde{e} + (1-p)10 - w \tag{3.34}$$

共享工资为：

$$\hat{w}(\tilde{e}) = 5\tilde{e} + \frac{1}{2}c(\tilde{e}) \tag{3.35}$$

由于公平偏好工人的工资率为 0.6，将公平偏好概率、共享工资代入上式，得到：

$$\pi_f(w, \tilde{e}) = \tilde{e} - \frac{1}{2}c(\tilde{e}) + 4 \tag{3.36}$$

对上式求导，得到：

$$\frac{\partial \pi_f}{\partial \tilde{e}} = 1 - \frac{1}{2}c'(\tilde{e}) \tag{3.37}$$

努力水平在 $\{1, 2\}$ 之间时，$c'(\tilde{e}) = 1$，代入上式，得到：

$$\frac{\partial \pi_f}{\partial \tilde{e}} = 1 - \frac{1}{2} = \frac{1}{2} > 0 \tag{3.38}$$

努力水平在 $\{3, 4, 5, 6, 7, 8\}$ 之间时，$c'(\tilde{e}) = 2$，代入上式得到：

$$\frac{\partial \pi_f}{\partial \tilde{e}} = 1 - \frac{1}{2} \times 2 = 0 \tag{3.39}$$

努力水平在 $\{9, 10\}$ 之间时，$c'(\tilde{e}) = 3$，代入上式得到：

$$\frac{\partial \pi_f}{\partial \tilde{e}} = 1 - \frac{1}{2} \times 3 < 0 \tag{3.40}$$

因此，企业的最优契约是 $[46, 8]$。

由于外部企业只提供 $[w_t, \tilde{e}_t] = [10, 1]$ 的契约，如果工人偷懒，没有提供所要求的努力水平，企业就提供 $[w_t, \tilde{e}_t] = [10, 1]$ 的契约。

第四步，外部企业在 t > 1 期的契约。

外部企业相信如果工人在任何 t < T 期更换企业，那么他是公平偏好的概率低于 0.1，企业也相信这些工人在后续时期会继续更换企业，这样如果契约被接受，企业会实施单次博弈。通过命题 3.3 可知，给定外部公平偏好工人的概率，外部企业不会获得非最低努力契约的收益。考虑企业之间的竞争，外部企业的最优契约是 $[10, 1]$。

第五步，企业在第 1 期的契约。

在 t > 1 期，企业获得了租金收入，这样，在第 1 期企业为了成为在位企业而进行激烈的竞争。在所有 1 < t < T 的每个时期，企业可以获得 100 - 59 = 41，在 T 时期，企业可以获得 48 + 4 - 46 = 6。因此，在第 1 期就成为在位企业的预期收益为：

$$\pi_1^* = -w_1 + 100 + (T-2) \times 41 + 6 \tag{3.41}$$

$$\hat{w}_1^* = \text{Min} \left[100 + (T-2) \times 41 + 6; 100 \right] = 100 \tag{3.42}$$

因此，在第 1 期，企业互相竞争，在工资达到最高值 100 时，在位企业获得最优收益。

证明完毕。

第四节 雇佣保护、最低工资与劳动契约行为

一 雇佣保护与劳动契约行为

雇佣保护是一项重要的劳动制度，也是中国新《劳动合同法》的一项重要内容。雇佣保护制度旨在提高对劳动者的利益保护，减少企业的随意解雇行为。与没有雇佣保护制度相比，雇佣保护制度实际上提高了在职工人的地位，降低了企业的地位。那么在雇佣保护制度下，企业和工人的行为会发生怎样的变化？下面对此进行相关分析。

之所以需要劳动保护，是因为在劳动剩余、资本短缺的劳动力市场环境中，资本通过竞争压力，会压低劳动的价值。因此，本书只讨论劳动剩余环境下的雇佣保护制度问题。

在第二节里可以看到，不同的公平偏好工人概率（p）、不同的不利不平等厌恶系数（α）对工人和企业的行为具有重要的影响。在重复交往中，同时考虑这么多变量无疑是复杂的，为了便于处理，在不失一般性的情况下，本节仅对 $p = 0.6$，$\alpha = 1/2$ 的劳动剩余情况进行重复交往分析。

命题 3.7：在一个存在雇佣保护的 $n > 2$ 人的有限期劳动力市场中，为不失一般性，假设只有 1 家企业和 $n-1$ 名工人。假设存在两种类型的工人和企业，工人和企业是公平偏好的概率都是 0.6，自利偏好的概率都是 0.4，公平偏好工人和企业的利他不平等厌恶系数（α_i）和利己不平等厌恶系数（β_i）均为 $0.5 + \varepsilon$。如果企业与同一名工人连续签订两期契约后再续签，该契约就成为永久契约，直到 T 期结束。那么在重复交往

中，下述策略就构成一个完美贝叶斯均衡。

工人的策略是：

如果企业提供共享工资契约，公平偏好工人接受契约，并实施所要求的努力水平；自利偏好工人接受使他们获得不低于失业收益的契约，在非最后时期提供所期望的努力水平，在最后时期提供最低努力水平。

企业的策略如下：

1. 企业在 t < T − 1 期的策略。在第 1 期里，企业提供契约 [w, ē] = [59, 10]，如果工人提供所期望的努力水平，企业在第 2 期继续提供契约 [w, ē] = [59, 10]；在第 3 期里，企业选择雇用新的工人，重复第 1、2 期的策略；在第 4 期，企业重新雇用第 1 期的工人；依次类推，直到 T − 2 期。

2. 如果工人没有提供所期望的努力水平，企业选择雇用新的工人，永不雇用该工人，上述策略顺延 1 期；如果所有工人都没有提供所期望的努力水平，企业则向所有工人提供契约 [w, ē] = [5, 1]。

3. 在 T − 1 期，企业提供契约 [w, ē] = [40, 7]，这个契约平均分配工人努力水平为 7 时的物质收益。在 T 期，自利企业提供契约 [w, ē] = [34, 6]，而公平偏好企业提供契约 [w, ē] = [5, 1]。

4. 企业相信在非最后 1 期选择偷懒的工人是自利偏好的。

分三步进行证明：

第一步：后两期的决策行为。

首先考虑第 T 期的努力和工资决策。企业在第 T 期决策时，工人的类型没有被披露，企业不知道工人的具体类型，但知道工人是公平偏好的概率是 0.6。这样，第 T 期的决策就相当于单次交往的决策。

根据第二节的分析，如果 $p = 0.6$，自利偏好企业会提供使得公平偏好工人实施努力程度在 {3, 4, 5, 6, 7, 8} 之间的工资，而公平偏好企业只会提供 [5, 1] 的劳动契约。这样，在最后一期中，公平偏好企业的效用最大化劳动契约是 [w, ē] = [5, 1]，而自利偏好企业的一个（非唯一）效用最大化劳动契约是 [w, ē] = [34, 6]。本书下面的讨论基于自利偏好企业在最后 1 期提供 [w, ē] = [34, 6] 的契约展开，但是由于最优要约的非唯一性，不同的假设也是同等合理的。

其次分析第 T − 1 期（倒数第 2 期）里的情况。

在第 T − 1 期里，工人不知道在第 T 期会与哪种类型的企业交往。假设他们在第 T－1 期实施了所要求的努力水平。

在本书的假设中，假设公平偏好工人和公平偏好企业的概率都是 0.6，自利偏好工人和自利偏好企业的概率都是 0.4，这样，一个不知道企业类型的公平偏好工人的第 T 期预期收益是：

$$E\pi_w = 0.6 \times 5 + 0.4 \times (34 - 8) = 13.4$$

一个不知道企业类型的自利偏好工人的第 T 期预期收益是：

$$E\pi_w = 0.6 \times 5 + 0.4 \times (34 - 0) = 16.6$$

因此，公平偏好工人在最后 1 期所获得的预期剩余收益是 13.4 － 5 ＝ 8.4，自利偏好工人在最后一期获得的预期剩余收益是 16.6 － 5 ＝ 11.6。

如果自利偏好工人在第 T－1 期偷懒，企业就不会在下一期与其继续签订契约，其他企业也不会与其签订高工资契约，这样，在下一期，该自利偏好工人就只能获得 5 的失业收益。由于在下一期失业的净损失为 11.6，这样，自利偏好工人就会在第 T－1 期提供最多 $\bar{e} = 7$ 的努力水平。因为当努力水平 $\bar{e} = 7$ 时，$c(e) = 10$，小于净损失 11.6，而当努力水平 $\bar{e} > 7$ 时，$c(e) > 12$，大于净损失 11.6。

第二步：t＜T－1 时期的决策行为。

现在考虑在任何 t＜T－1 时期的情况。如果自利偏好工人偷懒，他将在所有剩余时期（k＞t）获得 5 的收益；如果他按照企业所期望的提供努力，就要承担相应的努力成本 $c(\bar{e}_t^*)$，但是在 t＋1 期获得重复的契约 $[w_{t+1}^*, \bar{e}_{t+1}^*]$。如果下列激励约束条件满足，自利偏好工人将在非最后时期提供最高的努力水平。

自利偏好工人的激励相容条件是：

$$-c(\bar{e}_t^*) + \frac{1}{2} \sum_{k=t+1}^{T-2} [w_k^* - c(\bar{e}_k^*)] + w_{T-1}^* + w_T^* \geqslant 5 \times (T-t) \quad (3.43)$$

自利偏好工人的参与约束条件是：

$$\frac{1}{2} \sum_{k=t}^{T-2} [w_k^* - c(\bar{e}_k^*)] + w_{T-1}^* + w_T^* \geqslant 5 \times (T-t+1) \quad (3.44)$$

在 T－2 期，如果工人提供所期望的努力水平，企业会继续提供重复的契约，则自利偏好工人的收益为 41 － 18 ＋ 30 ＋ 16.6＞10，因此，在 T－2 期，自利偏好工人会提供所期望的努力水平。

由于在 t＜T－1 的任何时期，$[w_k^*, \bar{e}_k^*] = [59, 10]$，$[w_{T-1}^*, \bar{e}_{T-1}^*] = [40, 7]$，$[w_T^*, \bar{e}_T^*] = [34, 6]$，在 t＜T－1 的任何时期，自利偏好工人

的激励相容条件由式（3.43）得到满足；在所有的 $t < T$ 的任何时期，自利偏好工人的参与约束条件由式（3.44）得到满足。

公平偏好工人会接受任何共享契约，并按照共享契约执行，因而公平偏好工人从来不会通过拒绝低的要约来惩罚企业。

第三步：形成不可解雇的长期契约。

按照第二节的分析，在单次交往中，如果 $p = 0.6$，自利偏好企业会提供使得公平偏好工人实施努力程度在 $\{3, 4; 5, 6, 7, 8\}$ 之间的工资，而公平偏好企业只会提供 $[5, 1]$ 的劳动契约。假设自利偏好企业提供 $[40, 7]$ 的劳动契约，如果形成了不可解雇的长期契约，自利偏好工人会一直提供最低努力水平，公平偏好工人会提供均分收益的努力水平，那么自利偏好企业的预期收益为：

$$E\pi_f = \sum_{t=3}^{T} [0.6 \times (7 \times 10 - 40) + 0.4 \times (10 - 40)]$$
$$= 6 \times (T - 2) \tag{3.45}$$

公平偏好企业的预期收益为：

$$E\pi_f = \sum_{t=3}^{T} [0.6 \times (10 - 5) + 0.4 \times (10 - 5)]$$
$$= 5 \times (T - 2) \tag{3.46}$$

显然，与自由解雇相比，形成不可解雇的长期契约对企业是不利的，因此，企业倾向于不建立长期关系。

证明完毕。

二　最低工资与劳动契约行为

最低工资是各国普遍实施的一项重要劳动制度。从理论上讲，最低工资的引入可以提高劳动者的谈判议价能力，那么在劳动者异质的条件下，最低工资制度会怎么影响劳资双方的行为？

之所以设定最低工资，是因为在劳动剩余、资本短缺的劳动力市场环境中，资本会通过竞争压力压低劳动的价值，设定最低工资就可以保障工人获得基本的工资待遇。因此，本书主要讨论劳动剩余环境下的最低工资制度问题。

在第二节里可以看到，不同的公平偏好工人概率（p）、不同的不利不平等厌恶系数（α）对工人和企业的行为具有重要的影响。在重复交往中，同时考虑这么多变量无疑是复杂的，为了便于处理，在不失一般性的情况下，假设最低工资为50，对 $p = 0.65$，$\alpha = 1/2$ 的情况进行重复交往分析。

命题3.8：在一个存在最低工资制度（最低工资为50）的 $n > 2$ 人的有限期劳动力市场中，为不失一般性，假设只有1家企业，$n-1$ 名工人。假设存在两种类型的工人和企业，工人和企业是公平偏好的概率都是0.65，公平偏好工人和企业的利他不平等厌恶系数（α_i）和利己不平等厌恶系数（β_i）均为 $0.5 + \varepsilon$。那么在重复交往中，下述策略就构成一个完美贝叶斯均衡。

工人的策略是：

如果企业提供共享工资契约，公平偏好工人接受契约，并实施要求的努力水平；自利偏好工人接受使他们获得不低于失业收益的契约，在非最后时期提供所期望的努力水平，在最后时期提供最低努力水平。

企业的策略如下：

1. 在第1期，企业向随机选择的工人提供契约 [65，10]。

2. 在 $1 < t < T - 1$，如果前一期的工人努力水平为10，企业向在位工人提供契约 [65，10]；如果工人前一期的努力水平小于10，企业向其他工人提供契约 [65，10]；如果企业已经与所有工人交易过，并且工人在前一期的努力水平都小于10，那么企业选择不提供契约。

3. 在时期 $T - 1$，企业向随机选择的没有违约过的工人提供契约 [65，10]。

4. 在时期 T，自利偏好企业向随机选择的没有违约过的工人提供契约 [65，10]，而公平偏好企业不提供契约。

5. 企业相信在非最后1期选择偷懒的工人是自利偏好的。

证明：

首先考虑第 T 期的努力和工资决策。企业在第 T 期决策时，工人的类型没有被披露，企业不知道工人的具体类型，但知道工人是公平偏好的概率是0.65。这样，第 T 期的决策就相当于单次交往的决策。

由于存在最低工资制度，最低工资是50，这样，企业的工资选择范围就是 [50，100]，企业要么提供大于等于50的工资，要么不雇佣。如果企业选择不雇佣，其收益为0。虽然劳动剩余了，资本短缺了，但企业的最低收益为0，因此，只要预期收益不低于0，企业就会提供与高努力水平相应的工资契约。

由于最低工资是 50，企业必须提供 50 以上的工资，因此，只要公平偏好工人提供的努力程度在 9 以上，企业提供共享工资就会获得不小于零的收益。因为 50 是最低工资标准，如果企业提供了最低工资，工人会认为企业是被迫提供 50 的工资，其行为是不友好的，因而他们提供较低的努力水平。

在无外在压力的竞争环境下，工人与企业的共享工资是 $w(\bar{e}) = 5\bar{e} + c(\bar{e})/2$，在最低工资环境下，企业支付最低工资就会被认为是自私的，公平偏好工人就不会提供所期望的努力水平，因此企业必须提供高于共享水平的工资，公平偏好工人才会提供所期望的努力水平。

在无外在压力的竞争环境下，与努力程度 8 相对应的共享工资是 46，与努力程度 9 相对应的共享工资是 53，与努力程度 10 相对应的共享工资是 59，由于最低工资的引入，为了显示慷慨，企业将对工人提供更多的让利，企业将工资提到高于共享工资一个级别的水平。即在最低工资制度环境下，与努力程度 8 相对应的工资是 53，与努力程度 9 相对应的共享工资是 59，与努力程度 10 相对应的共享工资是 65。

由于假设公平偏好工人的概率是 0.65，那么在 T 期，自利偏好企业在最低工资制度下提供共享工资所获得的收益如下（见表 3.8）。

表 3.8　　　　　　　　　　　**自利偏好企业预期收益**

劳动契约	[53, 8]	[59, 9]	[65, 10]
收益	3.00	3.50	4.00

因此，在最后一期，自利偏好企业会提供 [65，10] 的契约。根据第二节的分析，如果企业是公平偏好的，就不会在最后一期提供劳动契约。

其次分析第 T－1 期（倒数第 2 期）的情况。

在第 T－1 期，工人不知道在第 T 期会与哪种类型的企业交往。假设他们在第 T－1 期实施了所要求的努力水平。

在本书中，假设公平偏好工人和企业的概率都是 0.65，自利偏好工人和企业的概率都是 0.35，这样，一个不知道企业类型的公平偏好工人在第 T 期的预期收益为：

$$E\pi_w = 0.65 \times 5 + 0.35 \times (65 - 18) = 19.7$$

一个不知道企业类型的自利偏好工人在第 T 期的预期收益为：

$$E\pi_w = 0.65 \times 5 + 0.35 \times (65 - 0) = 26$$

因此，公平偏好工人在最后 1 期所获得的预期剩余收益是 $19.7 - 5 = 14.7$，自利偏好工人在最后 1 期所获得的预期剩余收益是 $26 - 5 = 21$。

如果自利偏好工人在第 T－1 期偷懒，企业就不会在下一期与其继续签订契约，这样，在下一期，该自利偏好工人就只能获得 5 的最低收益。由于在下一期失业的净损失为 21，这样，自利偏好工人就会在第 T－1 期提供最多 $\bar{e} = 10$ 的努力水平。因为当努力水平 $\bar{e} = 10$ 时，$c(e) = 18$，小于净损失 21。

在 T－2 期，自利偏好工人来自最后两期雇佣的预期租金是：

$$E\pi_w = [(65 - 18) - 5] + 21 = 63$$

这意味着在 T－2 期，自利偏好工人可以被诱使提供 $\bar{e} = 10$ 的努力水平，因为 $c(10) = 18 < 63$，所以，提供契约 $(w, \bar{e}) = (65, 10)$ 对所有企业来说都是最优的。使用逆向归纳法，在所有前一时期，这也是最优的。公平偏好工人选择 $e = \bar{e} = 10$，是因为在 $w = 65$ 时，这是一个公平分配契约，而自利偏好工人选择 $e = 10$，是因为不能继续签约的威胁提供了足够的激励。

证明完毕。

小　结

本章以 F－S 模型为基础，构建了劳动契约模型，从理论上分析了异质偏好环境下劳动契约当事人的行为。通过模型分析，笔者发现，不同的劳动市场环境与偏好异质程度都会影响企业和工人的行为，因此得出如下主要结论：

1. 在一次性契约交往中，对于同样的外部环境，与自利偏好企业相比，公平偏好企业提供同样的共享工资契约需要更高的公平偏好工人概率；与劳动短缺环境相比，在劳动过剩环境中，企业提供同样的共享工资契约需要更高的公平偏好工人概率。

2. 在有限期重复契约交往中，劳动力市场供求关系对第一期和最后一期的影响存在显著的不同，但对中间时期的劳动契约行为几乎没有影响。

3. 雇佣保护制度明显改变了企业的契约行为，在雇佣保护制度下，企业避免与工人达成长期契约。

4. 最低工资制度虽然没有改变企业的契约行为，但是最低工资制度迫使企业提供超过最低工资要求的工资水平。

第四章　雇佣保护与劳动契约行为

新《劳动合同法》对劳方的保护主要体现在雇佣保护制度上，本章使用比较制度实验方法探索雇佣保护制度对劳动契约当事人行为的影响。本章的结构安排如下：第一节是本章的研究背景与相关文献综述；第二节是实验原理与实验设计；第三节是模型分析与研究假设；第四节是实验结果分析；最后是本章的小结。①

第一节　引言

2007 年 6 月 29 日通过、2008 年 1 月 1 日实施的《中华人民共和国劳动合同法》（以下称《劳动合同法》）强化了雇佣保护管理，明确规定了解雇限制（签订无固定期限劳动合同）的三种情形②，但是这种雇佣保护规定构成了对《劳动合同法》争议的核心。在诸多争论中，法学专家常凯和董保华针锋相对的观点具有代表性（唐跃军、赵武阳，2009），常凯（2008）认为，该法的颁行将有助于增加劳动保障、提高劳动者对企业的认同、促进中国的产业转型，从而实现劳动者、企业和国家的"三赢"，常凯观点同盟包括政府高层、与政府联系紧密的全国总工会等；董保华（2007）则认为，《劳动合同法》将增加失业、降低企业利润并最终葬送改革成果，从而导致劳动者、企业和国家的"三输"，董保华观点同盟包括张五常、张维迎、张欣等部分经济学家，企业界人士有人大代表张茵等。③

---

① 本章部分内容已在《经济管理》2013 年第 2 期上发表。
② 参见《中华人民共和国劳动合同法》第十四条。
③ 全国总工会的《国内劳务派遣调研报告》显示，到 2010 年底，全国劳务派遣人员总数已经达到 6000 多万，而在 2008 年 1 月 1 日《劳动合同法》实施以前只有 2000 万。按照国内职工总数约 3 亿人计算，劳务派遣工达到了职工总数的 20%，劳务派遣人员主要集中在公有制企业和机关事业单位，部分央企甚至有超过 2/3 的员工都属于劳务派遣（降蕴彰：《经济观察报》2011 年 2 月 28 日第 3 版）。

　　唐跃军、赵武阳（2009）归纳了上述两类对立观点的逻辑进路。反对者的逻辑进路是：劳动合同法加强解雇保护→劳工失业威胁降低，工作更消极→企业群体受损，企业招工更加谨慎并缩减职位→劳工群体受损；赞同者的逻辑进路是：劳动合同法加强解雇保护→劳工工作更加稳定→劳工群体受益，劳工归属感更强，工作更努力→企业群体获益。为调和这两种逻辑进路之间的矛盾，唐跃军、赵武阳（2009）建立了一个二元劳工市场模型，认为这两类观点之所以相冲突，是因为它们所针对的劳工层次不同。实际上，除了现实的劳工层次问题外，更加应该考虑的是劳动者的偏好构成问题，也就是说，上述两种逻辑相矛盾的本质是人的二元偏好结构并存：在反对者的逻辑中，强调的是人的自利偏好，在赞同者的逻辑中，强调的是人的社会偏好。其实，人的自利偏好和社会偏好大都是交织在一起的且不稳定，因此只强调人类偏好的极端形式而演化出的逻辑是有问题的。

　　标准的劳动力市场理论将劳动力市场看作新古典经济理论的一个特殊情况，与交易物质产品类似，雇主和工人只是用一个市场竞争所确定的价格交易确定数量的劳动。但是，真实生活中的劳动契约经常表现为不完全契约形式，雇主和工人之间存在多维和长期的交往。当签订劳动契约时，不可能预见所有相关的情况，而这些没有预见的事项可能在劳动契约关系中具有很重要的作用。典型的劳动契约关系是通过一个不完全契约治理的，契约的不完全使像法庭这样的第三方很难评估交易方是否履行了义务，如果责任和义务的描述含糊，雇主怎样激励工人提供大于最小努力水平的努力程度？

　　在不能完全契约化的劳动契约关系中，公平和互惠等社会偏好影响着工人的努力选择和企业的契约选择。由于社会偏好的广泛存在性①，如果企业提高了工资水平，具有社会偏好（公平或者互惠）的工人将会用高努力水平回报高工资，这既提高了企业的收益，又提高了工人的收益（Akerlof，1982；Akerlof and Yellen，1990）。由于偏好具有相当的个体异质性，社会偏好的一次性效用不足以保证合作效率的实现，但是，劳动契

_____

　　① 社会偏好理论认为，经济人的偏好类型是异质的（Heterogeneous），部分经济人具有强烈的自利偏好；部分经济人具有强烈的社会偏好（Loewenstein，Thompson and Bazerman，1989）。具有社会偏好的人愿意为降低表面上的不公平或者为了惩罚不公平行为而承担成本（Bolton & Ockenfels，2000；Charness & Rabin，2002；Falk & Fischbacher，2006；Fehr & Schmidt，1999）。

约关系的重复交往特征极大地放大了社会偏好起决定性作用的可能。在有限重复的情景中，即使具有公平思想的工人只占较少比例，也可能会激励自利偏好工人为了获得租金而努力（Brown et al., 2004, 2008；Kreps et al., 1982）。那些自利偏好工人为了保持好的声誉，以便使企业相信他们是具有社会偏好的（至少是潜在的），他们就有动机提供高水平的努力。这样一来，声誉对自利偏好者是有价值的，因为有限期重复意味着雇主仅对非自利的工人支付非竞争性工资。雇主为具有公平思想的工人提供高工资而惩罚自利偏好的工人，因为如果工人逃避，他将被识别为自私类型，这意味着将来他不会获得工资租金。因此，在一次性交易中，公平被试的比例过低，雇主不会提供高工资，而在重复性交往中，雇主会发现提供高工资是有利的。社会经济环境影响人们的社会偏好，社会偏好的主要表现形式是公平偏好和互惠偏好，在一种情况下被认为是公平的方案，在另一种情况下则可能被认为是不公平的，这取决于外界社会经济环境的变化。

自特尔泽（Telser, 1980）以来，一些学者开始模型化劳动力市场政策与劳动契约实施行为的相互关系。克莱因和莱弗勒（Klein & Leffler, 1981），夏皮罗和斯蒂格利茨（Shapiro & Stiglitz, 1984），鲍尔斯（Bowles, 1985）认为，带有解雇威胁的高工资会保证良好的绩效；布尔（Bull, 1987）、麦克劳德和马尔科姆森（MacLeod & Malcomson, 1989）将奖金支付引入模型，他们也发现存在一个类似的结论；莱文（Levin, 2003）将不对称信息引入不完全契约，因而扩展了这些模型；弗登伯格和马斯金（Fudenberg & Maskin, 1986）的俗定理表明，对于足够高的折现因子，任何可行的、严格的个体理性支付都可以被作为子博弈精炼纳什均衡而得到支持，即工具的作用存在许多可能的效率均衡，这样，奖金支付、解雇等激励惩罚工具的作用就会影响剩余在工人和企业之间的分配；麦克劳德和马尔科姆森（MacLeod & Malcomson, 1998）认为，怎么分配剩余才能够产生有效率的后果，取决于工人和资本的相对稀缺程度，如果资本短缺，充分利用资本是有效率的经济行为，实施效率工资契约而不是实施奖金支付契约是可能的。

随着研究的深入，一些研究开始关注雇佣保护制度对个体行为的影响。由于个体行为测度的困难性，在研究雇佣保护制度对工人行为影响的经验研究文献中，主要通过缺勤情况的变化来测度工人的努力水平，这类文献的关键结论是雇佣保护水平的提高降低了工人的努力水平。这表明,当雇佣保护有限时,工人更担心丢失工作。

在一个缺勤行为影响工人被解雇风险的框架中,经济学理论认为,缺勤率应该随着雇佣保护水平的提高而增加。伊克瑙和瑞哈恩(Ichino & Riphahn,2004)在一个模型中描述了这个假设,并用三个实证案例来检验这种相关性。第一个例子是德国公共部门的工人。那些具有 15 年工龄且年满 40 岁的工人,得到较高程度的雇佣保护,只有犯下严重不当行为的工人才会被解雇。他们的分析表明,获得这种雇佣保护的员工具有显著较高且稳定的缺勤率。在第二个案例中,他们研究了意大利私人企业的情况,在意大利,雇佣保护程度依赖于企业雇佣工人的规模:工人少于 16人的企业较少受到严格的政府规制,工人获得较少的雇佣保护,而大企业的工人则获得较高水平的雇佣保护。他们的研究表明,获得较低雇佣保护的小企业的工人具有较低的缺勤率,而获得较高程度雇佣保护水平的大企业的工人则具有较高的缺勤率。在第三个案例中,他们分析了同一企业同类工人对雇佣保护的反应情形——意大利一家大型银行的工人在试用期和转正期的行为。他们的研究数据表明,一旦试用期结束,雇佣保护起作用,工人缺勤率就会显著上升。

伊克瑙和瑞哈恩(Ichino & Riphahn,2005)使用一家大型意大利银行的证据,研究了雇佣保护制度对工人行为的影响。他们分析了 545 个男白领、313 个女白领在 1993 年 1 月和 1995 年 2 月的周观察数据,这些工人只有在 12 个周的试用期以后才享受解雇保护。他们观察了这些工人 1年的时间。他们的观察数据表明,一旦试用期结束,解雇保护生效,每周的缺勤数量明显增加,尤其是男白领,这表明雇佣保护的实施导致了旷工的增加。基于职业考虑或者基于社会规范学习的替代解释预测,在旷工和聘期之间的关系是平缓的,而不是观察到的所呈现出的不相关的跳跃性。雇佣保护的这个结论似乎在欧洲政策讨论中被忽略了。

瑞哈恩(Riphahn,2004)使用倍差分析方法(difference-in-difference)和德国跨部门的数据,研究了雇佣保护对雇佣行为的影响,布赖恩(Brian,2010)研究了公立学校系统中雇佣保护对工人生产率和企业产出的影响,这些研究都得出雇佣保护降低了工人努力水平的结论。

上述研究都发现雇佣保护确实提高了工人的缺勤率,即降低了工人的努力水平,但是这些文献研究的是同一契约不同阶段的反应,即试用期与正式聘用期。在雇佣契约的早期阶段，较高的工人努力水平可能是由显示潜在工作能力的欲望所激励的。这些研究是在一个缺乏任期的雇佣模式中识别、分离雇佣效应的，因此，他们不能从雇佣保护变化中分离聘任期变化效应。

虽然现有的研究强调，雇佣保护的缺失之所以会提高工人的努力水平（降低了缺勤），是因为担心丢失工作，但是与有限的雇佣保护相关的工人努力决策可能也会受到激励的影响（Audas，Barmby and Treble，2004）。特别地，临时工作契约或者试用契约可以用来识别适合长期契约的工人（Booth，Francesconi and Frank，2002；Green and Leeves，2004），这提供了一个额外的激励，促使工人在契约早期显示超过潜在能力的努力水平。

史蒂夫·布拉德利、科林·格林和加雷思·里夫斯（Steve Bradley，Colin Green，Gareth Leeves，2010）的研究解决了这个问题，他们使用大量新的人事数据来验证这些问题，他们的数据集包括澳大利亚一个公共部门全体员工的所有数据，涵盖了工人在不同的任期阶段即从临时雇佣转为永久雇佣的情况，为分离任期和分析雇佣保护对缺勤的影响提供了机会。他们的研究认为，雇佣保护对工人行为的影响具有两个方面的贡献：首先，他们从任期效应中分离出了雇佣保护制度的变化对工人努力水平的影响；其次，通过引入激励可能性，扩展了以前的研究，这种激励在工作环境中存在，即用较低的雇佣保护来影响工人的缺勤行为。这些发现对总体研究状况具有一定的意义，他们指出，雇佣保护的变化对工人努力水平的影响是模糊的。例如，放松不公平解雇法会导致一些工人努力程度的增加，这是因为失业风险增加了，但是如果因雇佣保护而导致工作机会的减少，则会产生相反的影响。

在现实世界中，影响企业与工人具体行为的因素很多，难以分离具体制度对行为的单纯影响。最近，一些实验经济学文献开始关注劳动力市场制度与契约实施行为之间的关系，在现有的劳动制度与契约实施行为的实验研究中，与本章研究最接近的是福尔克等人（Falk et al.，2008）的研究。他们设计了一个不完全契约和重复交往的劳动力市场，研究两类重要制度——解雇限制和奖金支付——是怎么影响契约实施行为的。通过干扰企业解雇威胁的使用，解雇限制对工人绩效具有很强的负效应，解雇限制也扭曲了工人努力水平随时间变化的动态效应，使企业更加依赖一次性劳动力市场，建立了更极端的劳动关系长度分布，即更多的非常短和更多的十分长的雇佣关系。奖金支付权的引入戏剧性地改变了市场后果，企业将奖金支付作为解雇威胁的替代工具，几乎完全偏离了解雇限制的负激励和效益作用。不过，因为奖金支付权可以使企业较少地依赖长期关系，契约实施行为依然发生了根本性的改变。他们的研究结果表明，市场后果是契约实施行为与制度复杂作用的结果。

为此，本章计划基于人类偏好的多样性和实验经济学的并行原理，率先利用价值诱导的实验方法探讨无固定期限劳动合同限制是否会影响、怎么影响劳资双方的行为，进而如何影响就业和市场效率。

中国新《劳动合同法》中的无固定期限劳动合同规定也是一种典型的解雇限制政策，该政策的实施怎样影响劳资双方的契约实施行为是本研究所关注的。本书的研究与福尔克等人（2008）的研究除了在解雇限制上存在差别以外，最根本的区别是福尔克等人的解雇限制是人为假设出来的，而本书研究中的制度则是现实法律中所实施的制度。

第二节　实验原理与实验设计

一　实验原理与设计

（一）实验博弈模型

在典型的劳动契约关系中，企业先向工人提出契约要约，在契约要约中，规定了工资等报酬条件和相应的工作要求，工人可以决定是否接受企业的要约。如果工人接受了企业的要约，双方就达成了一个劳动契约。在签订劳动契约以后，企业按照契约提供工资等报酬，工人根据企业的工资待遇水平和自己的偏好，决定工作的努力程度。劳动契约关系的这些特点可以用礼物交换博弈来类比，在礼物交换市场中，存在两类人（企业和工人），企业的数量等于或者不等于工人的数量。首先，企业以单向拍卖的方式决定劳动契约——礼物，工人选择接受契约或者拒绝契约；在工人接受契约以后，双方匹配成功，工资不能再改变，然后工人选择努力水平；工人可以自由地选择努力水平，包括成本为0的低水平。礼物交换市场已经成为带有努力变量的劳动力市场的代表性实验市场，与合作行为有关的观点在这类市场中起到了显著的作用。费尔等人（1993）使用的这些实验分析表明，行为通常会偏离简单地自我支付最大化。

（二）实验设计

本书的实验研究也使用礼物交换博弈市场作为实验市场。[①] 假设一家企业提供一个契约要约 $[w, \bar{e}]$，在契约中，企业规定了非负工资要约 $w \in [1,100]$，也陈述了企业期望的努力水平 $\bar{e} \in [1,10]$。工人决定接受或者拒绝要约，如果工人选择了契约，他就要选择一个实际努力水平 $e \in [1,10]$，这个努力水平可以与企业期望的不一致，也可以一致。在每期结束时，企业的收益是：

$$\pi(w,e) = \begin{cases} 10e - w & \text{如果契约要约被接受} \\ 0 & \text{没有被接受} \end{cases}$$

工人的收益是：

$$v(w,e) = \begin{cases} w - c(e) & \text{如果接受契约要约} \\ 5 & \text{没有被接受} \end{cases}$$

$c(e)$ 表示工人提供努力程度 e 时所付出的成本。

在新劳动法中，合同连续签订次数决定着合同期限的长度，这种合同限制显然改变了合同当事人决策的自然条件，必然会改变合同当事人的信念，进而改变当事人的行为。为了检验合同期限规定对契约行为的影响，本书设计了三类实验（见表4.1）。

1. 基础实验

基础实验是本书研究的标杆实验，用于观察在没有合同期限限制时，合同当事人的行为特征，以作为与合同限制实验结果的对比标尺。

在中国目前的劳动力市场中，基本上存在两类劳动合同：短期劳动合同和中长期劳动合同。短期劳动合同一般在1年以下（含1年），中长期劳动合同分为3年、5年、7年不等。在劳动合同到期以后，一般会按照原先的期限续签。为了简化，又不失一般性，在本书的实验中，笔者设计了两类劳动合同：1期合同和3期合同，1期合同代表现实生活中的短期劳动合同，3期劳动合同代表现实生活中的长期劳动合同。[②]

一期合同是每期实验完成以后，需要重新签订新的雇佣合同，3期合

---

① 本书的雇佣保护实验使用费尔等人（1993）礼物交换博弈模型的修订版作为实验博弈模型。

② 在中国，按照通俗的说法，企业用工一般分为临时工、固定工（正式工），临时工一般指劳动合同1年及以下的用工，固定工一般是3年及以上的用工。

同是指一旦签订雇佣合同，该合同可以持续 3 期，到第 4 期再进行契约谈判。在基础实验中，企业和工人自由选择 1 期或者 3 期合同，合同到期后，双方再自由进行选择，没有其他任何约束限制。

表 4.1　　　　　　　　　　　雇佣保护实验设计

实验	实验人数	实验期数	实验特征
基础实验	13	20	无限制
禁止解雇实验	13	20	如果企业和同一名工人连续签订两次以上合同，则必须签订无期限合同，企业不能解雇该工人
允许解雇实验	13	15	如果企业和同一名工人连续签订两次以上合同，则必须签订无期限合同，企业可以解雇该工人，但须进行相应的补偿

2. 禁止解雇实验

新《劳动合同法》规定，连续签订两次以上合同，就应签订无固定期限的劳动合同，即无限期劳动合同（即劳动者被终身雇佣）。在《劳动合同法》中，满足一定的条件，雇主具有解雇的权利，为了分离这一变量的影响，本书设计了禁止解雇实验。在禁止解雇实验中，如果企业和同一名工人连续签订两期劳动合同，在再签订劳动合同时，必须签订无限期劳动合同，且该无限期劳动合同不能被解除。

3. 允许解雇实验①

在满足一定的条件后，企业可以解雇不满意的工人，但是解雇工人需要支付一定的补偿，而且雇用新的工人也会增加寻找、谈判、培训等成本，因此设计了允许解雇实验，用于检验解雇工具对合同当事人行为的影响。

在允许解雇实验中，如果企业和同一名工人连续签订了两期劳动合同，在再签订劳动合同时，就必须签订长期劳动合同，但是，该企业根据该工人的表现，可以解除长期劳动合同。在解除合同时，企业需要按照工

———————
① 允许解雇、禁止解雇体现了不同的雇佣保护程度。

人执行的连续期数，按照每连续执行 1 期合同，补偿解约期工资的 10%
给工人。

二 实验结构

（一）基础实验

基础实验共有 13 人参与，随机分为 2 组：F 组和 W 组，其中 F 组 3
人，代表企业；W 组 10 人，代表工人。在每期实验中，每家企业最多可
以雇用 3 个工人，每个工人只能受聘于一家企业。

企业提供的雇佣合同有两种：1 期合同和 3 期合同。其中，1 期合同
是指每期实验完成后，企业和工人要重新进行合同谈判；3 期合同是指该
合同一旦签订，则连续 3 期实验有效，在第 4 期再重新进行合同谈判。在
每期合同中，工人付出的努力程度用 e 表示，企业提供的工资用 w 表示，
工资单位均为 G\$。[①] 企业的收益函数如下：

$$\pi_F = \begin{cases} 0 & \text{如果没有雇用到工人} \\ 10e_1 - w_1 & \text{如果雇用 1 个工人} \\ 10e_1 - w_1 + 10e_2 - w_2 & \text{如果雇用 2 个工人} \\ 10e_1 - w_1 + 10e_2 - w_2 + 10e_3 - w_3 & \text{如果雇用 3 个工人} \end{cases}$$

企业可以为不同的工人提供不同的工资，企业提供的工资范围是
$\{1, 2, \cdots, 100\}$。

工人的收益函数如下：

$$\pi_w = \begin{cases} w - c(e) & \text{如果被雇佣} \\ 5 & \text{如果未被雇佣} \end{cases}$$

工人努力程度的范围是 $\{1, 2, \cdots, 10\}$，表 4.2 给出了工人每一努
力水平所对应的成本。

表4.2　　　　　　　工人努力程度与成本（雇佣保护实验）

工人努力程度 e	1	2	3	4	5	6	7	8	9	10
工人成本 $C(e)$	0	1	2	4	6	8	10	12	15	18

---

① 即 Game Dollar，指的是在实验过程中被试通过其决策所赚取的实验点数，在实验结束
后，实验主持人会按照某一兑换比例将该点数折算成真实的货币支付给被试。

单期实验的程序是：

第一步：企业提出雇佣合同，在合同中规定工资水平和要求的努力程度，每家企业只能提供两种合同——1 期和 3 期合同。

第二步：工人根据企业提供的工资、要求的努力程度和合同期限，自主选择企业和合同类型，每次只能选择一个企业中的一种合同。工人选择的合同，在得到企业确认后才能生效。

第三步：合同签订后，进入执行阶段。工人按照自己的意愿，提供努力程度。企业知道工人提供的真实努力程度，但企业只能按合同规定的工资支付给工人。

第四步：每期实验结束，计算机自动计算参与人的收益，并在屏幕上显示。

如果本期签订的是 3 期合同，那么在随后的两期实验中，工人不须进行合同谈判，而是直接进入合同的执行阶段，填写努力程度。工人下一期的实际努力水平可以与上一期不同。

（二）禁止解雇实验和允许解雇实验

基础实验和禁止解雇实验的唯一区别是：在禁止解雇实验中，企业与工人连续签订两期劳动合同后，如果再签订劳动合同，就必须签订无期限劳动合同，且该合同不能被解除；基础实验和允许解雇实验的唯一区别是：在允许解雇实验中，企业与工人连续签订两期劳动合同后，如果再签订劳动合同，就必须签订无期限劳动合同，但是该合同可以被解除，在解除合同时，企业需要按照工人执行的连续期数，按照每连续执行 1 期合同，补偿解约期工资的 10% 给工人。

三　实验过程

本实验于 2009 年 8 月在南开大学的泽尔滕经济学实验室完成，实验决策利用 Z-tree 程序平台在局域网上进行，被试均来自该实验室被试数据库，被试没有参加过类似的实验。除实验决策收益外，被试每人可以获得 10 元人民币作为出场费。在实验开始时，首先讲解实验说明、计算机程序界面说明，并就实验中可能出现的问题设计成题目让被试作答，在确认被试对实验过程充分理解后，进行上机实验。其次在不同实验设置中，选择了同一组被试，这样可以有效检验被试在不同市场约束条件下的偏好变化，避免不同群体在统计上的偏差，同时为了减少设置效应，在进行不同设置的实验时，改变了同类型被试的编号。

第三节　雇佣保护行为模型分析与研究假设

一　模型分析

现有的研究已经证明，人们的偏好是异质的，一部分人具有公平偏好，即使在一次性交往中也不会提供最低努力水平；一部分人具有自利偏好，在一次性交往中只提供最低努力水平。假设一个工人是公平偏好的概率为 p ，在任一 t 期，公平偏好工人的效用是：

$$u(w,e,\bar{e}) = \begin{cases} v(w,e) & w - c(\bar{e}) < 10\bar{e} - w \\ v(w,e) - b\max[\bar{e} - e; 0] & w - c(\bar{e}) \geq 10\bar{e} - w \end{cases} \quad (4.1)$$

假设公平偏好工人将均分剩余收益作为参照点，工人收益大于或等于平均收益的契约被看作公平契约。如果企业提供公平契约，而工人没有履行公平契约，他会自责。假设没有履行公平契约的边际负效用总是大于努力的边际成本（$b > 3$），这样，一个公平偏好工人将总是遵循公平契约。如果企业提供不公平契约，那么，如果公平偏好工人选择偷懒，则不会遭受来自良心的谴责。

从式（4.1）可以推论出，为了激励公平偏好工人实施任何大于 1 的期望努力水平，企业必须至少提供共享工资为：

$$\hat{w}(\bar{e}) = 5\bar{e} + \frac{1}{2}c(\bar{e}) \quad (4.2)$$

表 4.3 给出了每一努力水平下企业所须提供的共享工资。

表 4.3　　　　　　　　　共享工资表（雇佣保护实验）

努力水平 $\bar{e}$	2	3	4	5	6	7	8	9	10
共享工资 $\hat{w}(\bar{e})$	11	16	22	28	34	40	46	53	59

（一）一次性交往均衡

在一次性博弈中，企业知道，如果契约被一个自利偏好工人所接受，他将总是提供最小努力水平 $e = 1$，工人公平偏好的概率是 p，自利偏好的概率是 $1 - p$，这是共识。如果公平偏好工人接受契约，那么他接受的是收益共享契约，即 $w \geq \hat{w}(\tilde{e})$，他将实施努力水平 $e = \tilde{e}$。但是，如果他接受的契约是 $w < \hat{w}(\tilde{e})$，他将实施最低努力水平 $e = 1$。在一次性博弈中，企业来自被接受契约的预期收益是：

$$\pi^e(w, \tilde{e}) = \begin{cases} p10\tilde{e} + (1-p)10 - w & w \geq \hat{w}(\tilde{e}) \\ 10 - w & w < \hat{w}(\tilde{e}) \end{cases} \quad (4.3)$$

命题 4.1：在一次性博弈中，有 n > 2 个博弈参与人，为不失一般性，假设存在 1 家企业，$n - 1$ 个工人，工人是公平偏好的概率是 p，企业是自利偏好的。如果 $p < 0.55$，则不存在工人努力水平大于 1 的完美贝叶斯均衡；如果 $p > 0.60$，则存在一个完美贝叶斯均衡，公平偏好工人的努力水平为 10，自利偏好工人的努力水平为 1。

证明：在一次性博弈中，只要收益不低于失业收益 5，自利偏好工人就会接受劳动契约；对于公平偏好工人来说，只要均分收益就会接受契约，因此，在劳动剩余的环境下，如果企业期望工人提供 1 的努力程度，只须提供 [5，1] 的劳动契约。

企业的参与约束是，预期收益至少等于 0，但是由于劳动过剩，自利偏好企业没有竞争压力，就会追求最高收益，按照式 (4.3)，如果企业获得最低预期收益，将表现为 $\pi^e(w^*, \tilde{e}^*) = 5$，即

$$w^*(p, \tilde{e}) = p10\tilde{e} + (1-p)10 - 5 \quad (4.4)$$

根据式 (4.3)(4.4) 可以得出：

$$\hat{p}(\tilde{e}) \geq \frac{\hat{w}(\tilde{e}) - 5}{10(\tilde{e} - 1)} \quad (4.5)$$

根据式 (4.2)(4.5) 可以得出表 4.4 所列数据。

表 4.4　存在非最低努力均衡的最低公平偏好工人概率（雇佣保护实验）

努力水平 $\tilde{e}$	2	3	4	5	6	7	8	9	10
公平偏好工人概率 $\hat{p}(\tilde{e})$	0.60	0.55	0.567	0.575	0.58	0.583	0.586	0.60	0.60

注：按照均分剩余收益计算，当努力程度为 2 时，均分剩余收益是 10.5，由于在设计中将工资限定为整数，因此将此均分剩余收益的工资设定为 11。在公平偏好工人的概率是 0.55 的情况下，提供工资 11，企业所获得的货币收益是 4.5，企业为了实现 5 的最低收益，需要较高的公平偏好工人概率。

从表4.4可以看出，如果 $p < 0.55$，企业不会提供要求努力程度大于1的契约，企业总是提供［5，1］的契约。由于公平偏好工人概率的增加，企业可以从努力水平大于1的契约中获利，当 $p > 0.60$ 时，企业会提供要求努力程度为10的契约。

（二）重复交往均衡——无雇佣保护制度

不同的公平偏好工人概率（p）、不同的不利不平等厌恶系数（α）对工人和企业的行为具有重要的影响。在重复交往中，同时考虑这么多变量无疑是复杂的，为了便于处理，在不失一般性的情况下，本节仅对 $p = 0.6$，$\alpha = 1/2$ 的劳动剩余情况进行重复交往分析。

在一次性交往中，企业提供契约要约，取决于对公平偏好工人概率的信念，在重复交往中，自利偏好工人有动机模仿公平偏好工人的行为。

命题4.2①：在一个 T 期 $n > 2$ 人的博弈中，为不失一般性，假设只有1家企业，$n - 1$ 名工人。假设存在两种类型的工人和企业，工人和企业是公平偏好的概率都是0.6，自利偏好的概率都是0.4，公平偏好工人和企业的利他不平等厌恶系数（α_i）和利己不平等厌恶系数（β_i）均为 0.5 $+ \varepsilon$。如果满足下列策略条件，就会存在一个使所有工人在非最后时期都提供最高努力水平的完美贝叶斯纳什均衡：

1. 在第 T = 1 期里，企业向随机选择的工人提供契约［59，10］。

2. 在 $1 < t < T$ 时期里，如果工人前一期的努力水平为10，企业向在位工人提供契约［59，10］；如果工人前一期的努力水平小于10，企业向其他工人提供契约［59，10］；如果企业已经与所有工人交易过，并且前一期努力水平都小于1，那么企业向所有工人提供契约［5，1］。

3. 在最后时期里，如果工人上一期的努力水平为10，企业向在位工人提供契约要约［46，8］；如果工人上一期的努力水平低于10，企业向其他没有交往过的工人提供契约要约［46，8］；如果工人前一期的努力水平都低于10，并且已经与所有工人交往过，企业向随机选择的工人提供契约要约［5，1］。

4. 在任何时期里，公平偏好工人都接受契约，并提供契约要求的努力水平。

5. 在任何非最后时期里，自利偏好工人接受契约，并提供最高努力

①　命题4.2、4.3的证明参照第三章。

水平 10，在最后一期里，提供最低努力水平。

6. 企业相信在非最后一期选择偷懒的工人是自利偏好的。

（三）重复交往均衡——存在雇佣保护制度

命题 4.3：在一个存在雇佣保护 T 期的 n > 2 人博弈中，为不失一般性，假设只有 1 家企业，n − 1 名工人。假设存在两种类型的工人和企业，工人和企业是公平偏好的概率都是 0.6，自利偏好的概率都是 0.4，公平偏好工人和企业的利他不平等厌恶系数（α_i）和利己不平等厌恶系数（β_i）均为 0.5 + ε。如果企业与同一名工人连续签订两期契约再续签，该契约就成为永久契约，直到 T 期结束。那么在重复交往中，下述策略就构成一个完美贝叶斯均衡。

工人的策略是：

如果企业提供共享工资契约，公平偏好工人接受契约，并实施所要求的努力水平；自利偏好工人接受使他们获得不低于失业收益的契约，在非最后时期提供所期望的努力水平，在最后时期提供最低努力水平。

企业的策略如下：

1. 企业在 t < T − 1 期的策略。在第 1 期里，企业提供契约 [w, $\tilde{e}$] = [59, 10]，如果工人提供期望的努力水平，企业在第 2 期里将继续提供契约 [w, $\tilde{e}$] = [59, 10]；在第 3 期里，企业选择雇用新的工人，重复第 1、2 期的策略；在第 5 期里，企业重新雇用第 1 期的工人；依次类推，直到第 T − 2 期。

2. 如果工人没有提供所期望的努力水平，企业选择雇用新的工人，永不雇用该工人，上述策略顺延 1 期；如果所有工人都没有提供所期望的努力水平，企业则向所有工人提供契约 [w, $\tilde{e}$] = [5, 1]。

3. 在 T − 1 期里，企业提供契约 [w, $\tilde{e}$] = [40, 7]，这个契约平均分配工人努力水平为 7 时的物质收益。在 T 期里，自利企业提供契约 [w, $\tilde{e}$] = [34, 6]，而公平偏好企业提供契约 [w, $\tilde{e}$] = [5, 1]。

4. 企业相信在非最后 1 期里选择偷懒的工人是自利偏好的。

二　研究假设

在基础实验中，没有合同期限的限制，企业可以选择与工人签订 1 期或者 3 期雇佣合同，根据命题 4.2，在非最后时期的交往中，企业提供公平契约，所有工人都选择遵循公平契约，由于实验期数持续 20 期，远大于 3 期，签订 3 期或者 1 期合同，就不会影响企业的选择，因此提出：

假设 1：在基础实验中，企业对于选择 1 期或者 3 期合同是无差异的；企业为 1 期或者 3 期合同所提供的工资是相同的。

在禁止解雇实验中，企业与工人连续签订两期合同以后，如果继续与该工人签订合同，就必须签订长期合同，并且不能解除合同。这样，一旦签订了长期合同，自利偏好工人会选择最低努力水平，因为没有了约束，公平偏好工人也会逐渐降低努力水平，这将造成企业的重大损失。

如果企业不想签订无约束的长期合同，或者不想过早签订无约束的长期合同，就必然会在与同一个工人连续交往两次以后，就终止合作。如果每次签订 1 期合同，每两期就需要更换一个工人；如果每次签订 3 期合同，每 6 期才需要更换一个工人。实验共持续 20 期，如果每两期就需要更换一个工人，与一次性交往没有本质的区别，企业与工人之间不能实现重复交往溢价；如果连续签订两个 3 期合同，企业与工人之间可以持续 6 期的重复交往，与一次性交往有了本质的区别。通过 6 期的交往，企业可以判断工人是不是公平偏好的，即使企业判断失误，也可以降低自己的损失，因此提出：

假设 2：在禁止解雇实验中，企业倾向于签订 3 期合同；企业对 3 期合同提供的工资高于 1 期合同。

在允许解雇实验中，在签订了长期合同以后，如果企业认为工人的努力不符合自己的要求，就可以选择解除合同，但是需要增加一定的解雇成本。因此，与禁止解雇实验类似，企业不希望快速签订长期合同，又希望与公平偏好工人长期合作，因此提出：

假设 3：在允许解雇实验中，企业倾向于签订 3 期合同；企业为 3 期合同提供的工资高于 1 期合同。

在禁止解雇实验中，如果签订了长期合同，无论工人提供什么样的努力水平，企业都不能解除合同。因此，一旦签订长期合同，自利偏好工人就会提供最低努力水平，公平偏好工人也会逐渐降低努力水平；在允许解雇实验中，如果企业对工人的努力水平不满意，可以有成本地解除长期合同，预计到企业解除合同的威胁，工人可能会提供较高的努力水平，因此提出：

假设 4：在允许解雇实验中，在长期合同下工人的努力水平高于禁止解雇实验。

假设 5：在允许解雇实验中，效率优于禁止解雇实验。

第四节　实验结果分析

一　努力程度与工资水平

按照公平偏好模型假设，企业提供的工资水平越高，公平偏好工人就会以互惠的方式提供更高的努力水平，而自利偏好工人为了规避身份的暴露，会采取模仿公平偏好工人的行为，也表现出互惠的行为。本书的实验结果，也得出了这样的结论。

图4.1、图4.2、图4.3分别直观地描述了三个设置实验中成交工资和实际努力水平之间的关系。通过图4.1、图4.2、图4.3可以发现，数据主要集中在工资较高、努力水平也较高的地方。企业没有像标准的竞争模型所预测的那样，提供最低的竞争工资水平，而工人也没有提供最低的努力水平。

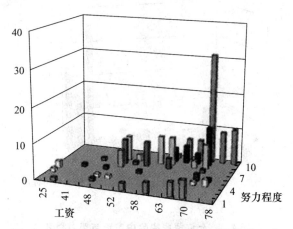

图4.1　基础实验（无雇佣保护）中工资与努力程度

资料来源：根据实验数据整理。下同。

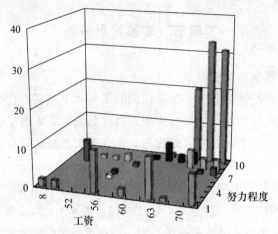

图 4.2　禁止解雇实验中工资与努力程度

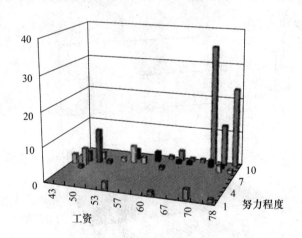

图 4.3　允许解雇实验中工资与努力程度

　　为了进一步分析实际成交工资与努力水平的关系，将工资水平分为低于 50、50—59、60—69、70—79 几个区间来对应努力水平（见表 4.5）。

表 4.5　　　　　　　不同雇佣保护水平下工资水平与努力水平分布

实验工资水平下的努力	基础实验	禁止解雇实验	允许解雇实验
小于 50	4.00（1.6329）	—	6.00（0.5000）
50—59	7.26（0.7642）	4.82（3.0959）	7.61（1.6443）
60—69	7.55（3.1063）	7.33（3.6989）	9.38（1.0607）
70—79	8.91（2.1133）	8.85（2.8515）	9.89（0.4001）
合计	7.89（2.5580）	7.72（3.4725）	9.02（1.5749）

注：1. 为了减少截止期效应；剔除了后 3 期的数据。

　　2. 在禁止解雇实验中，没有低于 50 的工资报价。

　　3. 在各实验中，没有高于 79 的报价。

　　4. 括号内的数字是标准差。

资料来源：根据实验数据整理。

在基础实验中，当工资水平低于 50 时，平均努力水平为 4.00，方差为 1.6329；当工资水平在 50—59 之间时，平均努力水平为 7.26，方差为 0.7642；当工资水平在 60—69 之间时，平均努力水平为 7.55，方差为 3.1063；当工资水平在 70—79 之间时，平均努力水平为 8.91，方差为 2.1133。实际成交工资越高，工人提供的努力水平越高。

在禁止解雇实验中，当成交工资低于 50 时，没有成交案例；当成交工资在 50—59 之间时，平均努力水平为 4.82，方差为 3.0959；当工资水平在 60—69 之间时，平均努力水平为 7.33，方差为 3.6989；当工资水平在 70—79 之间时，平均努力水平为 8.85，方差为 2.8515。在禁止解雇实验中也表现出与基础实验同样的结果，实际成交工资越高，工人提供的努力水平越高。

在允许解雇实验中，当工资水平低于 50 时，平均努力水平为 6.00，方差为 0.5000；当工资水平在 50—59 之间时，平均努力水平为 7.61，方差为 1.6443；当工资水平在 60—69 之间时，平均努力水平为 9.38，方差为 1.0607；当工资水平在 70—79 之间时，平均努力水平为 9.89，方差为 0.04001。在允许解雇实验中也表现出与基础实验、禁止解雇实验类似的结果，实际成交工资越高，工人提供的努力水平越高。

为了进一步分析实际成交工资对工人努力水平的影响，本书建立了一个线性模型来进行 OLS 回归分析。在回归模型中，被解释变量是工人实际提供的努力水平，解释变量是实际成交的工资水平。本书对全部数据进行的回归分析表明，实际成交工资对工人的努力水平具有显著的正向影响（见表4.6）。在基础实验中，成交工资回归系数为0.1118159，t统计值为5.56，在1%的显著性水平上显著；在禁止解雇实验中，成交工资回归系数为0.1608124，t统计值为6.06，在1%的显著性水平上显著；在允许解雇实验中，成交工资回归系数为0.1041444，t统计值为6.72，在1%的显著性水平上显著。实际成交工资回归系数全部为正，且全部在1%的显著性水平上显著。

表4.6　　　　　　　不同雇佣保护水平下工资对努力水平的影响

实验	基础实验	禁止解雇实验	允许解雇实验
工资	.1118159 (5.56) ***	.1608124 (6.06) ***	.1041444 (6.72) ***
常数项	.59785 (0.47)	−3.185699 (−1.80)	1.767366 (1.71)
样本数量	159	161	131
Prob > F	0.0000	0.0000	0.0000
调整 R^2	0.1590	0.1824	0.2536

注：*** 表示在1%的显著性水平上显著；括号内的数字是 t 统计值。

资料来源：根据实验数据整理。

为了剔除截止期效应，本书也对剔除后3期数据的结果进行了回归分析，得出了同样的结论（见表4.7）。

表4.7　　不同雇佣保护水平下工资对努力水平的影响（剔除截止期效应）

实验	基础实验	禁止解雇实验	允许解雇实验
工资	.106569 (5.28) ***	.160605 (4.22) ***	.117444 (13.84) ***
常数项	1.210337 (0.94)	−3.008786 (−1.18)	1.290089 (2.28) ***
样本数量	136	139	105
Prob > F	0.0000	0.0000	0.0000
调整 R^2	0.1660	0.1084	0.6469

注：1. *** 表示在1%的显著性水平上显著；括号内的数字是 t 统计值。

　　　2. 为了减少截止期效应，剔除最后3期数据。

资料来源：根据实验数据整理。

剔除最后 3 期数据以后，在基础实验中，成交工资回归系数为
0.106569，t 统计值为 5.28，在 1% 的显著性水平上显著；在禁止解雇实
验中，成交工资回归系数为 0.160605，t 统计值为 4.22，在 1% 的显著性
水平上显著；在允许解雇实验中，成交工资回归系数为 0.117444，t 统计
值为 13.84，在 1% 的显著性水平上显著。实际成交工资回归系数全部为
正，且全部在 1% 的显著性水平上显著。

二　雇佣保护与工资水平

有无合同期限限制影响着企业的工资决策，在没有其他制约工具的情
况下，工资水平成为企业唯一的调节工具。表 4.8 给出了合同期限限制对
实际成交工资的影响。通过表 4.8 可以发现，在基础实验中，平均成交工
资为 62.68，方差为 9.9598；在禁止解雇实验中，平均成交工资为 66.60，
方差为 7.3279；在允许解雇实验中，平均成交工资为 65.81，方差为
10.8141。合同期限限制制度使得实际成交工资有所提高，在禁止解雇实
验中，平均工资最高，在允许解雇实验中，平均工资也高于无最低工资约
束的情况。

表 4.8　　　　　　　　　　**不同雇佣保护水平下的平均工资分布**

实验	契约数量	众数	中值	平均值	方差	最小值	最大值
基础实验	136	70	65	62.68	9.9598	25	78
禁止解雇实验	139	75	70	66.60	7.3279	50	75
允许解雇实验	105	70	70	65.81	10.8141	43	78

资料来源：根据实验数据整理。

图 4.4 描述了每期的平均工资（为了减少截止期效应，剔除了后 3 期
数据），通过图 4.4 也可以发现，在存在合同期限限制制度下，企业提供
的工资显著大于没有合同期限限制的情况。

在禁止解雇实验中，一旦形成了无限制劳动契约，企业就无法对工人
进行约束，只能依靠工人的公平偏好来实现它的收益，为了激发工人的公
平偏好，企业减少了它的剩余份额，支付了更高的工资；在允许解雇实验
中，在签订了长期合同以后，如果企业认为工人的努力不符合自己的要

求，可以选择解除合同，但是需要增加一定的解雇成本，因此，在允许解雇实验中，企业提供的工资也高于基础实验，但是低于禁止解雇实验，工资和解雇威胁成为企业互补的激励工具。

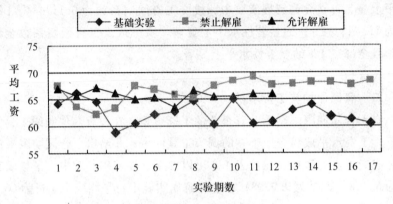

图 4.4 雇佣保护实验每期平均成交工资

资料来源：根据实验数据整理。

三 雇佣保护与工人的努力程度

合同期限限制规定对工人的努力程度也具有显著的影响，按照平均努力程度大小比较，禁止解雇实验＜基础实验＜允许解雇实验。在基础实验中，平均努力程度为 7.89（2.5580）；在禁止解雇实验中，平均努力程度为 7.72（3.4725）；在允许解雇实验中，平均努力程度为 9.02（1.5749）。

在不同的实验设置中，实际成交的工资也存在差异（见表 4.8），基础实验的平均工资为 62.68，禁止解雇的实验平均工资为 66.60，允许解雇实验的平均工资为 65.81。为了减少工资差异对合同期限限制的影响，下面按照不同的工资区段进行分析（见表 4.5）。

通过表 4.5 可以发现，在所有的工资区间，基础实验中的努力水平高于禁止解雇实验，低于允许解雇实验。在 50—59 工资区间，基础实验平均努力水平是 7.26，禁止解雇实验平均努力水平是 4.82，允许解雇实验平均努力水平是 7.61；在 60—69 工资区间，基础实验平均努力水平是 7.55，禁止解雇实验平均努力水平是 7.33，允许解雇实验平均努力水平是 9.38；在 70—79 工资区间，基础实验平均努力水平是 8.91，禁止解雇实验平均努力水平是 8.85，允许解雇实验平均努力水平是 9.89。

从实际工资水平与实际努力水平的相关系数分析，合同期限约束也具有明显的影响（见表 4.9）。在基础实验中，实际工资水平与实际努力水平的相关系数是 0.4223；在禁止解雇实验中，实际工资水平与实际努力水平的相关系数是 0.3588；在允许解雇实验中，实际工资水平与实际努力水平的相关系数是 0.7220。为了除掉截止期效应的影响，将后 3 期实验的数据剔除，进行实际工资水平与实际努力水平相关系数分析，结果与全部数据基本结论相同。

表 4.9   不同雇佣保护水平下实际工资水平与实际努力水平相关系数

实验	基础实验	禁止解雇实验	允许解雇实验
相关系数 （全部数据）	0.4223	0.3588	0.7220
相关系数 （剔除后 3 期数据）	0.4149	0.3389	0.8064

资料来源：根据实验数据整理。

在禁止解雇实验中，实际工资水平与实际努力水平的相关系数显著低于基础实验和允许解雇实验，主要原因是在禁止解雇实验中，长期合同不能解除，自利偏好工人在长期合同中采取极低的努力水平，而在允许解雇实验中，解雇威胁起到了激励的作用，促使自利偏好工人采取与工资水平相当的努力。实验结果支持了假设 4。

四   雇佣保护与企业合同类型偏好

企业拥有两种工资出价方式：1 期合同出价和 3 期合同出价，在合同期限限制约束下，企业对不同的出价方式具有不同的偏好（见表 4.10）。在基础实验中，企业 1 期合同与 3 期合同的工资出价差别不大；在禁止解雇实验和允许解雇实验中，1 期合同工资报价均值与 3 期合同工资报价均值之间的差别显著大于基础实验，这说明合同期限约束对企业的合同期限长度偏好产生了影响。

表 4.10　　不同雇佣保护水平下 1 期合同与 3 期合同工资出价分布

实验	合同类型	工资出价个数	均值	标准差	最小值	最大值
基础实验	1 期合同	49	58.73469	10.3396	20	70
	3 期合同	49	57.79592	11.5416	25	78
禁止解雇实验	1 期合同	48	61.47917	6.5525	40	70
	3 期合同	48	65.89583	9.0700	45	75
允许解雇实验	1 期合同	36	62.27778	6.6402	45	70
	3 期合同	36	66.77778	11.645	43	78

资料来源：根据实验数据整理。

　　为了进一步探求合同期限限制对企业合同类型偏好的影响，本书比较了不同设置中 1 期合同工资报价与 3 期合同工资报价（见表 4.11）。在基础实验中，3 期合同工资出价大于 1 期合同的比例是 59%；在禁止解雇实验中，这一比例达到了 82%；在允许解雇实验中，这一比例为 78%。通过表 4.10 的数据，似乎可以认为，在没有合同期限约束时，企业对于签订 1 期合同还是 3 期合同是基本无差异的，但是在合同期限约束条件下，企业倾向于选择 3 期合同。

表 4.11　　不同雇佣保护水平下 1 期合同与 3 期合同出价比较

实验	3 期合同工资出价大于 1 期合同的比例（%）	3 期合同工资出价等于 1 期合同的比例（%）	3 期合同工资出价小于 1 期合同的比例（%）
基础实验	59	10	31
禁止解雇实验	82	4	14
允许解雇实验	78	3	19

资料来源：根据实验数据整理。

　　经统计比较发现，合同期限限制对企业的合同类型偏好具有显著影响。为了进一步细化合同期限限制对企业合同类型偏好的影响，笔者对不同实验设置中的 1 期工资报价和 3 期工资报价进行了 Willoxon 配对符号秩和检验（见表 4.12）。非参数检验结果表明，在没有合同期限约束时，企业对于选择签订 1 期合同还是 3 期合同是无差异的；在存在合同期限约束时，企业倾向于选择签订 3 期契约。这有效地支持了假设 1、假设 2 和假设 3。

表 4.12　不同雇佣保护水平下 1 期工资报价和 3 期工资报价的非参数检验

实验	基础实验	禁止解雇实验	允许解雇实验
Z 值	− 0.605	− 4.097	− 3.282
Prob ＞ ∣z∣	0.5455	0.0000	0.0010

资料来源：根据实验数据整理。

五　雇佣保护与工资、努力程度的时间变化

在劳动契约关系中，工资由企业提供，努力水平由工人提供，由于劳动契约关系一般是重复交往的长期关系，随着时间的推移，劳动力市场会表现出什么状态？图 4.5 和图 4.6 揭示了实际成交工资、实际努力程度随时间的变化情况。

从图 4.5 中可以看出，在不同的实验设置中，平均工资基本上保持比较稳定的状态，虽然有所波动，但波动不大，曲线基本平缓（除了存在一定的截止期效应外）。这种现象说明，企业知道工人是异质偏好的，部分工人是公平偏好的，因此，提供较高的工资水平。企业提供的工资水平没有随时间变化而发生大的波动，但是，合同期限约束对企业工资出价还是具有显著影响的。通过图 4.5 可以发现，在没有任何约束时（基础实验），平均工资最低，在禁止解雇实验中，平均工资最高，允许解雇实验次之。在没有任何约束的基础实验中，企业与工人之间不能强制形成长期劳动契约关系，每次合同到期都需要重新进行合同谈判，更具有一次性交易的性质。企业为了减少风险，提供的工资相对较低。

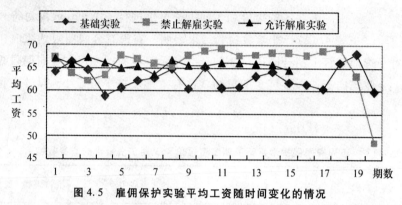

图 4.5 雇佣保护实验平均工资随时间变化的情况

资料来源：根据实验数据整理。

　　在合同期限限制实验中，外生制度促使长期契约的生成。在契约谈判过程中，工人会选择出价最高的契约，因此，长期契约一般在出价较高的企业与其工人之间形成。在达成长期契约以后，企业按照长期契约支付工资，因此，在合同期限限制实验中，工资水平相对较高。与允许解雇实验相比；禁止解雇实验中的工资水平较高，这主要是在禁止解雇实验中，解雇无法作为激励工具使用，企业希望通过提供高工资来激励公平偏好工人。在允许解雇实验中，解雇可以作为激励工具使用，对于工作不努力的工人，可以通过解雇加以惩罚，因此，可以提供较低的工资。

　　相对于平均工资变化的平稳性，平均努力程度却没有表现出相同的变化（见图 4.6）。总体来看，平均努力程度随着时间的推移而逐渐降低。在实验的前 10 期里，无限期契约还没有形成，工人为了让企业相信自己是公平偏好的，提供了相对较高的努力水平，因此，在禁止解雇实验和允许解雇实验中的平均努力水平要高于基础实验中的平均努力水平。在实验的后半期，一些工人与企业达成了无限期契约，这样，在禁止解雇实验中，这些工人就提供了很低水平的努力程度，使禁止解雇实验中的平均努力程度最低，而在允许解雇实验中，企业可以将解雇作为惩罚工具使用，因而工人提供的努力水平要高于禁止解雇实验。

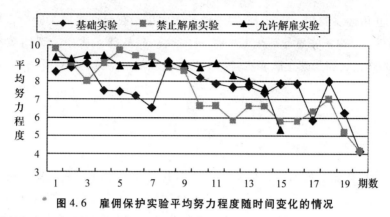

图 4.6　雇佣保护实验平均努力程度随时间变化的情况

资料来源：根据实验数据整理。

六　雇佣保护与效率

本书也考察了不同实验设置对效率的影响（表 4.13）。通过表 4.13 可以发现，在基础实验和禁止解雇实验中，效率差别不大，就业效率分别是 88% 和 89%，总生产效率分别是 68.98% 和 67.30%，但是在允许解雇实验中，成交效率明显提高，就业效率和总生产效率分别增加到 97% 和 84.65%。解雇威胁是一个有力的激励工具，如果不可解雇，企业宁愿选择降低雇佣，也不愿意承担长期合同工人的背叛。

表 4.13　　　　　　　　雇佣保护水平对效率的影响

效率类型	效率		
	基础实验	禁止解雇实验	允许解雇实验
就业效率（%）	88	89	97
总生产效率（%）	68.98	67.30	84.65
契约效率（%）	78.09	75.24	87.24

注：1. 就业效率 = 实际成交人次/理论成交人次。

　　2. 总生产效率 = 实际总剩余/理论总剩余。

　　3. 契约效率 = 实际总剩余/实际成交理论总剩余。

资料来源：根据实验数据整理。

在已经达成的契约中，解雇限制显著地影响着工人提供的努力水平，在禁止解雇实验中，只有 75.24% 的契约效率，在允许解雇实验中，契约效率为 87.24%，显著高于禁止解雇实验；在基础实验中，契约效率为 78.09%，也高于禁止解雇实验。实验结果有效地支持了假设 5。

小　结

在雇佣保护模型分析的基础上，本章设计了基础实验、禁止解雇实验、允许解雇实验等，以检验《劳动合同法》有关雇佣保护条款与契约当事人行为的关系。通过对实验结果的分析，可以得出以下结论：

第一，企业提供的工资水平高于自利模型预测的工资水平，并且工资水平越高，努力程度越高，但是，企业提供的工资水平和工人的努力水平并没有达到帕累托最优的水平。这个实验结果证明了劳动契约当事人的偏好异质性，部分人是自利偏好的，部分人是社会偏好的，还有部分人的偏好类型是不稳定的。

第二，在没有合同期限限制的情况下，企业对于选择 1 期或者 3 期合同是无差异的；企业对于 1 期或者 3 期合同提供的工资是相同的。

第三，在存在合同期限限制的情况下，企业倾向于签订 3 期合同；企业对 3 期合同提供的工资高于 1 期合同。

第四，相对于不可解雇的长期合同，可解雇的长期合同会促使工人提供更高的努力水平。

第五，企业提供的工资水平随时间变化呈平稳状态；工人提供的努力水平随时间推移而降低，解雇威胁促使工人提高努力水平。

第六，合同期限限制对就业效率影响不大，但是降低了契约效率；解雇威胁提高了契约效率和就业效率。

本书的雇佣保护制度实验研究与实证研究是互补的。本书研究表明，雇佣保护的影响取决于具体的制度环境，这与实证研究是一致的。实证研究有时发现雇佣保护对各种类型的经济后果没有影响，有时发现具有适度的影响，根本的原因在于经验数据所处的制度环境不同，在不同的制度环境下，相关数据必然会烙上相关制度的印迹。

在雇佣保护的具体行为影响方面，本书的研究支持了实证研究的结果。虽然在实际中测量工人的努力水平是很困难的，但是在伊克瑞和瑞哈恩（Ichino & Riphahn，2004，2005）、瑞哈恩（RiPhahn，2004）、布赖恩（Brian，2010）等人的实证研究中，以工人缺勤率作为雇佣保护影响的考察变量，他们的研究发现，在其他条件不变的情况下，雇佣保护水平的提高降低了工人的工作努力水平，这表明，当雇佣保护有限时，工人更担心丢失工作。

第五章 最低工资与劳动契约行为

最低工资制度是经常使用的劳动保护制度，本章使用比较制度实验方法探索最低工资制度对劳动契约当事人行为的影响。本章的结构安排如下：第一节是本章的研究背景和相关文献综述；第二节是实验原理与实验设计；第三节是模型分析与研究假设；第四节是实验结果分析；最后是本章的小结。[①]

第一节 引言

自斯蒂格勒（Stigler，1946）以来，大部分经济学者都认为，虽然较高的最低工资可以提高垄断劳动市场的就业水平，但是在低工资竞争劳动市场中，较高的最低工资水平会导致低工资就业的下降，他指出，为减轻贫困而制定的这种政策不仅未能对减轻贫困起到作用，反而扭曲了资源配置。

纽马克和威斯彻（Neumark & Wascher，2006）综述了 20 世纪 90 年代早期以来关于最低工资就业效应的文献，包括美国和其他国家的。他们的综述研究表明，现有的研究估计存在很大的范围，因而关于最低工资的增长对低工资工人的就业影响缺乏一致的结论，但是，最近的研究不支持最低工资降低了低工资工人就业的观点，这一观点很明显是不正确的。绝大多数文献都给出了相对一致的结论，即最低工资具有降低就业的效应，尽管不是所有的研究都是统计显著的。此外，在他们所综述的文献中，最可信的证据都指向消极的就业效应，无论是美国的数据还是其他国家的数据。在他们的研究中，还有两个重要的结论：第一，他们发现，很少几个研究提供了令人信服的证据表明，最低工资具有积极的促进就业效应；第二，关注最低技能群体的研究提供了相对严格的证据，表明最低工资对最

---

① 本章部分内容已在《经济与管理研究》2013 年第 3 期上发表。

低技能群体产生了很强的失业效应。

许多学者不断深化最低工资的经济效应模型，并逐渐认识到，最低工资对就业和收入的影响并不完全如斯蒂格勒所言，而是一个较为复杂的问题。90 年代的最低工资研究质疑了法定最低工资的增长总是会降低就业的观点（Card 1992；Card and Krueger，1994；Machin and Manning，1994；Dolado，Kramarz，Machin，Manning Margolis and Teulings，1996）。

工人的福利不仅仅包括工资，还包括休假、各种保险、住宿补贴、伙食补贴、交通补贴等多个方面。维塞尔（Wessels，1980）认为，由于工资水平仅仅是就业补偿合同的一个部分，实际中企业可以在提高工资的同时，通过减少其他类型的福利来抵消最低工资的影响，这是完全可能的。但是，西蒙和卡斯特纳（Simon & Kaestner，2004）用实证数据对理论分析提出了质疑，他们考察了最低工资制度对员工保险和退休金的影响，没有发现足够的证据说明，企业通过减少工人的其他类型福利来降低最低工资制度所带来的工资增加要求。

现有的研究一般以企业完全遵从最低工资制度作为研究最低工资制度影响的前提，而实际上由于违法的成本很低，许多企业并没有完全遵从最低工资法规。鉴于此，但齐泽（Danziger，2009）通过内生化亚最低工资来研究最低工资制度对员工福利的影响。通过模型分析发现，最低工资的增加对竞争劳动市场中工人的工作时间和福利具有模糊的影响，由于雇主可以选择不服从最低工资要求，而是提供较低的亚最低工资，如果工人是风险中性的，工作时间和福利与最低工资率无关；如果工人是风险厌恶的和不明智的，工人工作时间将随着最低工资的增加而降低，但福利是增加的。

国内对于最低工资的研究基本上处在借鉴和学习西方理论和经验的阶段。国内一些学者认为，不能简单照搬国外的理论与经验，其原因一是国外研究一般是将最低工资与其他制度割裂开来进行研究的，忽视了不同制度之间可能发生的交互影响，这个问题在中国可能是比较突出的；二是中国就业市场庞杂，存在二元市场结构，劳动监管难度很大。如果不考虑中国的基本国情与西方国家之间的巨大差异，最低工资研究就会出现很大的偏差（丁守海，2010）。

姚先国等（2008）认为，从理论上分析，最低工资制度是减少就业、增加就业还是对就业没有影响，取决于一个国家劳动市场的实际情况，但是，实际劳动市场中客观条件的复杂多样，可能会使最低工资制度对就业的影响显得更不确定。龚强（2010）通过构建一个包含产品市场和劳动力市场的模型，分析了最低工资制度在社会、经济等方面的影响，并得出以下结论：如果企业是市场工资率的被动接受者，则推行最低工资制度在促进劳动者福利提升的同时，会以减损社会总福利为代价，同时社会总产出水平下降；如果企业对市场工资率有影响能力，则通过最低工资制度提高就业者工资率水平，不仅会促进劳动者福利的提升，同时也会造成社会总福利的改进，社会总产出水平的上升。

在实证研究方面，有的学者在借鉴国际研究的基础上，考虑中国的基本国情，对中国最低工资标准的合理性、最低工资对就业的影响等进行了实证分析，认为只要实施合理的最低工资标准，就不会影响就业水平，还能改善收入的不平等状态，提出了中国本阶段最低工资制度的政策建议（魏章进、韩兆洲，2006；王梅，2008；俞东林，2008；韩兆洲、魏章进，2006；张玉梅、刘宏杰，2005）。

几十年来，经济学家已经对最低工资的经济和社会作用进行了大量的研究工作，在理论和实证研究方面都取得了很大的进展，但是还存在一些困惑有待解决。首先，一些研究发现，在雇主可以实施低于最低工资限制的工资情况下，几乎没有企业会利用这样的机会，提供低于最低工资的工资（Katz and Krueger，1991，1992）。例如，卡兹和克鲁格（Katz & Krueger，1992）发现，如果最低工资法给予企业一种选择机会，可以支付给年轻工人低于最低工资的工资，但是这种机会对年轻工人的实际工资没有产生明显的影响；即使绝大多数企业在新的最低工资法实施前，实际支付的工资低于新的最低工资，也很少有企业利用可以支付低于最低工资的机会。其次，许多证据表明，最低工资具有溢出效应（Card and Krueger，1995；Katz and Krueger，1992）。最低工资率增长以后，企业以超过新的最低工资法规定的幅度增加员工的工资，而不仅仅是满足于最低工资法的要求。最后，90 年代以来的最低工资研究质疑了法定最低工资增长总是降低就业的观点，认为在一定的条件下，最低工资的提高也会提升就业水平（Card and Krueger，1994；Katz and Krueger，1992；Dolado，Kramarz，Machin et al.，1996）。

现有的最低工资理论研究基本上是在生产要素分配理论的基础上进行的，而生产要素分配理论的基础是新古典经济理论，新古典经济理论关于人的完全理性、自利假设一直经受着质疑。现有的最低工资实证研究经常会得出多样的、不统一甚至相对的结论，这主要是因为他们采用数据的多样性，而这些数据又不是可控条件下的可复制数据，因此多样性的结论也就在所难免。

随着实验经济学、行为经济学的发展，使用实验方法研究劳动制度问题就成为一种必然，一些西方学者已经开始使用实验方法研究劳动制度问题。在这些实验研究中，与最低工资直接相关的研究是费尔等人（2006）、勃兰特兹等人（Brandts et al.，2004）的研究。

勃兰特兹等人使用礼物交换博弈实验研究了最低工资制度和市场竞争状态对市场交易双方的影响。首先，他们考虑了竞争不均衡的影响，即在企业具有超额需求或者工人具有超额供给的劳动力市场环境中，企业和工人的行为反应；其次，在工人超额供给的情况下，增加最低工资变量，研究最低工资和竞争环境对实际工资和产出的综合影响。他们的研究结果是令人惊讶的，他们的研究结果表明，竞争状态没有产生明显的影响，即不管是工人供给剩余还是工人供给短缺，实际成交工资和工人的努力水平没有发生什么变化。但是，当最低工资变量加入时，经济结果发生了戏剧性的变化，最低工资对努力程度产生了负向效应。

在勃兰特兹等人的研究中，在企业具有超额需求或者工人具有超额供给的劳动力市场环境中的劳动行为差异很微小，虽然这种现象严重偏离了标准预期，但是实际结果反映了一个互惠行动模式，被试能够获得相当数量的合作收益。这样，劳动力竞争环境设置效应的缺失不是实验室行为符合标准博弈理论预期的结果。

勃兰特兹等人的实验研究发现，最低工资降低了效率和合作收益，但是费尔等人的实验研究发现，最低工资对实际工资和雇佣都具有显著的正向效益，最低工资的引入提高了雇佣水平，也提高了劳资双方的收益，但是最低工资的引入对实际工资和雇佣的影响要显著大于最低工资被废除的影响。他们发现，最低工资被废除后，实际工资和雇佣水平都有所下降，但是高于没有实施最低工资时的水平。费尔等人将这种现象归结于保留工资的变化。实验结果表明，最低工资对保留工资具有显著和持久的影响，最低工资的临时引入导致被试保留工资的增长，在最低工资被废除以后，该影响依然存在。本书认为，最低工资对保留工资的锚定影响也可以解释对最低工资反常的低的应用现象，只要企业有机会支付比最低工资还要低的工资。这也可以进一步解释，企业在最低工资增长以后，经常向工人提供比最低工资需要的程度更高的工资。在更一般的意义上，费尔等人的研究结果表明，经济政策通过影响公平交易的预期和建立权力效应来影响人们的行为。

关于最低工资的作用，费尔等人（2006）和勃兰特兹等人（2004）的研究得出了不同的结论。费尔等人发现，最低工资可以提高雇佣水平，增加劳资双方的收益。勃兰特兹等人则发现，最低工资降低了工人的努力水平，降低了企业的收益。之所以会出现这样的结果，一个原因可能是双方采用的实验结构不同。在费尔等人的实验中，没有考虑劳动者的道德风险问题，而在勃兰特兹等人的实验中，则没有考虑最低工资被废除后的情况，也没有检验保留工资变量。

因此，本章设计了一个实验劳动力市场，将费尔等人和勃兰特兹等人的实验特点结合起来，规避他们实验中的一些缺陷，来研究最低工资制度的经济行为影响。本书的实验设计既考虑了劳动者的道德风险问题，以弥补费尔等人实验研究的不足，又考虑了最低工资制度被废除和保留工资问题，以弥补勃兰特兹等人研究的不足。

第二节　实验原理与实验设计

一　实验原理与设计

（一）实验博弈模型

在典型的劳动契约关系中，企业先向工人提出契约要约。在契约要约中，企业规定了工资等报酬条件和相应的工作要求，工人可以决定是否接受企业的要约。如果工人接受了企业的要约，双方就达成了一个劳动契约。在签订劳动契约以后，企业按照契约提供工资等报酬，工人根据企业的工资待遇水平和自己的偏好，决定工作的努力程度。劳动契约关系的这些特点可以用礼物交换博弈来类比。在礼物交换市场中存在两类人（企业和工人），企业的数量等于或者不等于工人的数量。首先，企业以单向拍卖的方式决定劳动契约——礼物，工人选择接受契约或者拒绝契约；其次，在工人接受契约以后，双方匹配成功，工资不能再改变，然后工人选择努力水平，工人可以自由地选择努力水平，包括成本为 0 的低水平。礼物交换市场已经成为带有努力变量的劳动力市场的代表性实验市场，与合作行为有关的观点在这类市场中起到了显著的作用。

本书的实验研究也使用礼物交换博弈市场作为实验市场。[①] 假设一家企业提供一个契约要约 $[w,\bar{e}]$，在契约中，企业规定了非负工资要约 $w \in [1,100]$，也陈述了企业期望的努力水平 $\bar{e} \in [1,10]$。工人决定接受或者拒绝要约，如果工人选择了契约，他就要选择一个实际努力水平 $\bar{e} \in [1,10]$，这个努力水平可以与期望的不一致，也可以一致。在每期结束时，企业的收益是：

$$\pi_f = \begin{cases} 10e - w & \text{如果签订契约} \\ 0 & \text{如果没有签订契约} \end{cases}$$

工人获得的收益是：

$$\pi_w = \begin{cases} w - c(e) & \text{如果签订契约} \\ 5 & \text{如果没有签订契约} \end{cases}$$

其中，w 表示企业支付的工资水平，工资的单位用 G\$ 表示，e 表示工人实际的努力水平，$c(e)$ 表示工人提供努力程度 e 时所付出的成本。

表 5.1 　　　　　　　　　**工人的努力成本函数（最低工资实验）**

努力水平 e	1	2	3	4	5	6	7	8	9	10
努力成本 $c(e)$	0	1	2	4	6	9	12	15	18	22

（二）实验设置与实验顺序

作为普遍存在的一项重要劳动制度，最低工资制度对企业和工人信念、偏好、行为的影响，一直是悬而未决的问题。在现实中，由于各种劳动制度与其他制度交织在一起，不可能将最低工资制度的效应分离出来，但是实验研究具有这样的优势。在实验设计中，可以控制其他制度变量使其不发生改变，然后通过观察企业和工人的行为来判断最低工资制度的影响。

为了分离最低工资制度的影响，本书设计了三类实验。

---

① 本章使用的博弈模型在费尔等人（1993）的礼物交换模型基础上做了一定的修订。

1. 基础实验（没有最低工资）

基础实验是本书的标杆实验，用于观察没有最低工资制度时，劳动契约当事人的行为特征，以作为最低工资制度实验的对比基准。

在基础实验中，劳动力市场没有任何工资约束，企业和工人按照上述的礼物交换博弈规则进行市场雇佣博弈。企业可以在 [1, 100] 之间按照自己的意愿自由出价，没有外在的工资出价约束，企业和工人都没有这样的约束性信念。

由于实际的雇佣一般是重复性交往，一次性交往属于少数情况，因此，本书采用重复实验博弈框架，每个实验共重复 10 期。在这 10 期实验中，企业和工人的身份保持不变。

2. 最低工资实验

在最低工资实验中，增加了最低工资的限制。最低工资是外生的法定劳动制度，具有强制约束力，企业必须执行最低工资制度，工资出价不能低于最低工资水平。

最低工资实验结构与基础实验基本一致，唯一的区别是在最低工资实验中，企业受到最低工资制度的约束，工资出价不能低于最低工资水平，并且最低工资的标准是企业与工人的共同知识。

3. 废除最低工资实验

在现实中，一项劳动制度的实施和废止可能是一个漫长的过程，从中难以观察到一项制度的真正作用。通过观察一项制度的废止，可以更全面地了解制度的作用。为了观察最低工资制度被废止后的影响，本书设计了废除最低工资制度的实验。在废除最低工资制度实验中，实验结构与基础实验完全一致，唯一的区别是被试具有最低工资制度的经验。

表 5.2   最低工资实验设计

实验	企业数量	工人数量	实验期数	实验要点
实验 1	6	8	10	无工资限制
实验 2	6	8	10	最低工资限制
实验 3	6	8	10	无工资限制

二 实验结构

本实验共有 14 人参与，随机分为 2 组：F 组和 W 组。其中 F 组 6 人，代表企业身份；W 组 8 人，代表雇员身份。在每期实验中，每家企业最多可以雇用 1 名雇员，也可以不雇用，每名雇员只能受聘于一家企业，也可以不受聘于任何企业。

企业的编码分别是 F_1，F_2，$\cdots$，F_6；雇员的编码分别是 1，2，$\cdots$，8，在整个实验中，每位参与人的身份和编码保持不变。

在实验中，企业与雇员通过单向谈判建立劳动契约关系，在每期合同中，雇员付出的努力程度用 e 表示，企业提供的工资用 w 表示（企业提供的工资范围是 $\{1, 2, \cdots, 100\}$）。

企业的收益函数为：

$$\pi_f = \begin{cases} 0 & \text{如果没有雇用雇员} \\ 10e - w & \text{如果雇用 1 个雇员} \end{cases}$$

雇员的收益函数为：

$$\pi_w = \begin{cases} w - c(e) & \text{如果被雇佣} \\ 5 & \text{如果未被雇佣} \end{cases}$$

$c(e)$ 表示雇员提供努力程度 e 时所付出的成本，雇员努力程度的范围是 $\{1, 2, \cdots, 10\}$。

表 5.3　　　　　　雇员努力程度——成本对照（最低工资实验）

努力程度 e	1	2	3	4	5	6	7	8	9	10
努力成本 $c(e)$	0	1	2	4	6	9	12	15	18	22

本实验共进行 10 期，每期持续 200 秒，单期实验结构如下：

步骤 1：雇员填写保留工资。

在每期实验开始时，雇员填写自己的保留工资，保留工资是雇员能够接受的最低工资，如果企业提供的工资低于雇员的保留工资，则该交易不能成交，即雇员只能接受高于保留工资的企业工资报价。

雇员的保留工资是私人信息，只有他自己知道，企业和其他雇员都不知道。

步骤 2：双向选择确定雇佣合同。

企业将工资出价、期望的努力水平等信息发送给相关的雇员，企业可以向全部雇员发送该信息，也可以向特定的雇员发送该信息。企业可以更新发送的工资、努力水平等信息，但如果向同一对象发送信息，后一次发送的工资报价应高于前一次的工资报价，期望雇员的努力水平不受限制。

雇员接收到企业的工资、期望的努力水平等信息后，决定是否选择与该企业达成雇佣合同。每个雇员只能选择一家企业，雇员与一家企业成交后，不能再进行选择。

雇员接受的工资合同只有本人和与其签约的企业知道，其他企业和雇员都不知道。

步骤 3：合同执行。

在合同签订后，进入执行阶段。雇员可以不受合同中企业所期望的努力程度的约束，而按照自己的意愿提供努力程度。企业知道雇员提供的真实努力程度，但企业必须按合同规定的工资支付给雇员。

步骤 4：每期实验结束后，计算机自动计算每个参与人的收益，并在屏幕上显示出来（只显示本人的收益信息）。

三　实验过程

本实验于 2010 年 6 月在南开大学泽尔滕经济学实验室完成，实验被试来自泽尔滕实验室的被试数据库，所有被试没有参加过类似的实验。

本实验采用计算机局域网方式进行，实验决策使用的程序平台是 Z-tree，Z-tree 程序平台是菲斯巴切尔（Fischbacher，2007）开发的一个实验程序平台，目前已经成为经济学的主要实验平台。

在实验开始时，首先，讲解实验说明、计算机程序界面说明，并就实验中可能出现的问题设计成题目让被试作答，在确认被试对实验过程充分理解后，进行上机实验。其次，在不同的实验设置中，本书选择了同一组被试，这样可以有效地检验被试在不同市场约束条件下的偏好变化，避免不同群体统计上的偏差，同时为了减少设置效应，在进行不同设置的实验时，改变了同类型被试的编号。

除实验决策收益外，被试每人可以获得 10 元人民币作为出场费。

第三节 最低工资行为模型分析与研究假设

一 模型分析

(一) 共享工资

现有的研究已经证明,人们的偏好是异质的,一部分人具有公平偏好,即使在一次性交往中也不会提供最低努力水平;一部分人具有自利偏好,在一次性交往中只提供最低努力水平。假设一个工人是公平偏好的概率为 p ,公平偏好工人的效用是:

$$u(w,e,\tilde{e}) = \begin{cases} \pi_w(w,e) & w - c(\tilde{e}) < 10\tilde{e} - w \\ \pi_w(w,e) - b\max[\tilde{e} - e;0] & w - c(\tilde{e}) \geqslant 10\tilde{e} - w \end{cases} \tag{5.1}$$

假设公平偏好工人将均分剩余收益作为参照点,工人收益大于或等于平均收益的契约被看作公平契约。如果企业提供公平契约,而工人没有履行公平契约,他会自责。假设没有履行公平契约的边际负效用总是大于努力的边际成本 (b > 4),这样,一个公平偏好工人将总是遵循公平契约。如果企业提供不公平契约,那么,如果公平偏好工人选择偷懒,则不会遭受来自良心的谴责。

从式 (5.1) 可以推论出,为了激励公平偏好工人实施任何大于 1 的期望努力水平,企业至少必须提供共享工资为:

$$\hat{w}(\tilde{e}) = 5\tilde{e} + \frac{1}{2}c(\tilde{e}) \tag{5.2}$$

表 5.4 给出了每一努力水平上企业所须提供的共享工资。

表 5.4　　　　　　　　共享工资 (最低工资实验)

努力水平 $\tilde{e}$	2	3	4	5	6	7	8	9	10
共享工资 $w(\tilde{e})$	11	16	22	28	35	41	48	54	61

在一次性博弈中,企业知道,如果契约被一个自利偏好工人所接受,他将总是提供最小努力水平 $e = 1$,工人公平偏好的概率是 p ,自利偏好的概率是 $1 - p$,这是共识。如果公平偏好工人接受契约,那么他接受的是

收益共享契约，即 $w \geqslant \dot{w}(\tilde{e})$，他将实施努力水平 $e = \tilde{e}$。但是，如果他接受的契约是 $w < \dot{w}(\tilde{e})$，他将实施最低努力水平 $e = 1$。在一次性博弈中，企业来自被接受契约的预期收益是：

$$\pi_f^E(w, \tilde{e}) = \begin{cases} 10p\tilde{e} + (1-p)10 - w & w \geqslant \dot{w}(\tilde{e}) \\ 10 - w & w < \dot{w}(\tilde{e}) \end{cases} \quad (5.3)$$

（二）没有最低工资制度的环境

1. 一次性交往均衡

命题 5.1：在一次性博弈中，有 n > 2 个博弈参与人，为不失一般性，假设存在 1 家企业，$n-1$ 个工人，工人是公平偏好的概率为 p，企业是自利偏好的。如果 $p < 0.55$，不存在工人努力水平大于 1 的完美贝叶斯均衡；如果 $p > 0.62$，存在一个完美贝叶斯均衡，公平偏好工人的努力水平为 10，自利偏好工人的努力水平为 1。

证明：在一次性博弈中，只要收益不低于失业收益 5，自利偏好工人就会接受劳动契约；对于公平偏好工人来说，只要均分收益就会接受契约，因此，在劳动剩余的环境下，如果企业期望工人提供 1 的努力程度，只须提供 [5，1] 的劳动契约。

企业的参与约束是预期收益至少等于 0，但是由于劳动过剩，自利偏好企业没有竞争压力，就会追求最高收益，按照式（5.3），如果企业获得最低预期收益，将表现为 $\pi^e(w^*, \tilde{e}^*) = 5$，即

$$w^*(p, \tilde{e}) = p10\tilde{e} + (1-p)10 - 5 \quad (5.4)$$

根据式（5.3）（5.4）可以得出：

$$\dot{p}(\tilde{e}) \geqslant \frac{\dot{w}(\tilde{e}) - 5}{10(\tilde{e} - 1)} \quad (5.5)$$

根据式（5.2）（5.5）可以得出表 5.5 所列数据。

表 5.5 **存在非最低努力均衡的最低公平偏好工人概率（没有最低工资）**

努力水平 $\tilde{e}$	2	3	4	5	6	7	8	9	10
公平偏好工人概率 $\dot{p}(\tilde{e})$	0.60	0.55	0.57	0.58	0.60	0.60	0.61	0.61	0.62

注：按照均分剩余收益计算，当努力程度为 2 时，均分剩余收益是 10.5，由于在设计中将工资限定为整数，因此均分剩余收益的工资被设定为 11。在公平偏好工人的概率是 0.55 的情况下，提供工资 11，企业获得的货币收益是 4.5。企业为了实现 5 的最低收益，需要较高的公平偏好工人概率。

从表 5.5 中可以看出，如果 $p < 0.55$，企业不会提供要求努力程度大于 1 的契约，企业总是提供 [5，1] 的契约。由于公平偏好工人增加，企业可以从努力水平大于 1 的契约中获利，当 $p > 0.62$ 时，企业会提供要求努力程度为 10 的契约。

2. 重复交往均衡

命题 5.2：在一个 T > 1 期的劳动力市场中，为不失一般性，假设存在 $n > 2$ 个参与人，其中只有 1 家企业，$n - 1$ 个工人，公平偏好工人的概率 $p = 0.65$，公平偏好工人和公平偏好企业的利他不平等厌恶系数（α_i）和利己不平等厌恶系数（β_i）均为 $0.5 + \varepsilon$，那么在有限期重复交往中，下述策略构成一个完美贝叶斯均衡。

工人的策略是：

如果企业提供共享工资契约，公平偏好工人接受契约，并实施要求的努力水平；自利偏好工人接受使他们获得不低于失业收益的契约，在非最后时期提供所期望的努力水平，在最后时期提供最低努力水平。

企业的策略是：

1. 在第 1 期，企业向随机选择的工人提供契约 [61，10]。

2. 在 1 < t < T，如果前一期的工人努力水平为 10，企业向在位工人提供契约 [61，10]；如果前一期的工人努力水平小于 10，企业向其他工人提供契约 [61，10]；如果企业已经与所有工人交易过，并且前一期的努力水平都小于 10，那么企业向所有工人提供契约 [5，1]。

3. 在时期 T，自利偏好企业向随机选择的没有违约历史的工人提供契约 $(w, \bar{e}) = (61，10)$，而公平偏好企业向随机选择的工人提供契约 $(w, \bar{e}) = (5，1)$。

4. 企业相信在非最后一期选择偷懒的工人是自利偏好的。

证明：

企业的策略：

在努力水平为 {1，2} 之间时，努力程度为 1 是最低的努力水平，努力水平为 2 也属于较低的努力水平范畴，因此，在重复交往分析过程中，不考虑努力水平在 {1，2} 之间的情况。由于当 $p = 0.65$ 时，自利偏好企业可以从较高的工资水平中获得大于最低水平的收益。

首先考虑第 T 期的努力和工资决策。

　　企业在第 T 期决策时,工人的类型没有被披露,企业不知道工人的具体类型,但知道工人是公平偏好的概率为 0.65。这样,第 10 期的决策就相当于单次交往决策。

　　根据第二节的分析,如果 $p = 0.65$,自利偏好企业会提供使得公平偏好工人实施努力程度 10 的工资,而公平偏好企业只会提供 [5,1] 的劳动契约。这样,在最后一期中,公平偏好企业的效用最大化劳动契约是 $[w, \tilde{e}] = [5, 1]$,而自利偏好企业的一个效用最大化劳动契约是 $[w, \tilde{e}] = [61, 10]$。

　　其次分析第 T-1 期(倒数第 2 期)的情况。

　　在第 T-1 期,工人不知道在第 T 期会与哪种类型的企业交往。假设他们在第 T-1 期实施了要求的努力水平。

　　在本书的假设中,公平偏好工人和公平偏好企业的概率都是 0.65,自利偏好企业和自利偏好工人的概率都是 0.35。这样,一个不知道企业类型的公平偏好工人在第 T 期的预期收益是:

$$E\pi_w = 0.65 \times 5 + 0.35 \times (61 - 10) = 21.10$$

　　一个不知道企业类型的自利偏好工人在第 T 期的预期收益是:

$$E\pi_w = 0.65 \times 5 + 0.35 \times (61 - 10) = 24.6$$

　　因此,公平偏好工人在最后一期获得的预期剩余收益是 21.1 - 5 = 16.1,自利偏好工人在最后一期获得的预期剩余收益是 24.6 - 5 = 19.6。

　　如果自利偏好工人在第 T-1 期偷懒,企业就不会在下一期与其继续签订契约,这样,在下一期,该自利偏好工人就只能获得 5 的最低收益。由于在下一期失业的净损失为 19.6,这样,自利偏好工人就会在第 T-1 期提供最多 $\tilde{e} = 10$ 的努力水平。因为当努力水平 $\tilde{e} = 10$ 时,$c(e) = 10$,小于净损失 19.6。

　　因此,提供契约 $[w, \tilde{e}] = [61, 10]$ 对所有企业来说都是最优的。使用逆向归纳法,在所有前一时期,这也是最优的。公平偏好工人选择 $e = \tilde{e} = 10$,是因为在 $w = 61$ 时,这是一个公平选择,而自利偏好工人选择 $e = 10$,是因为不能继续签约的威胁提供了足够的激励。

　　公平偏好工人会接受任何共享契约,并按照共享契约执行,因而公平偏好工人从来不会通过拒绝低的要约来惩罚企业。

　　证明完毕。

（三）实施最低工资的制度环境

在实施最低工资（最低工资为50）制度环境中，企业要么选择不雇用工人，要么必须提供50以上的工资。

1. 一次性交往均衡

命题5.3：在一次性博弈中，有$n > 2$个博弈参与人，为不失一般性，假设存在1家企业，$n - 1$个工人，工人是公平偏好的概率为p，企业是自利偏好的。如果$p < 0.629$，不存在工人努力水平大于1的完美贝叶斯均衡；如果$p > 0.644$，存在一个完美贝叶斯均衡，公平偏好工人的努力水平为10，自利偏好工人的努力水平为1。

证明：

在一次性博弈中，只要收益不低于失业收益5，自利偏好工人就会接受劳动契约，对于公平偏好工人来说，只要均分收益就会接受契约，因此，在劳动剩余的环境下，如果企业期望工人提供1的努力程度，只须提供［5，1］的劳动契约。但是，由于存在最低工资限制，企业必须提供50以上的工资，如果公平偏好工人的比例不够高，企业就会产生严重的亏损。

在最低工资制度环境下，虽然劳动过剩，但是由于企业不可能提供［5，1］的劳动契约，因而企业的参与约束是预期收益至少等于0，如果企业获得最低预期收益，将表现为$\pi^e(w^*, \bar{e}^*) = 0$，即

$$w^*(p, \bar{e}) = p10\bar{e} + (1 - p)10 \tag{5.6}$$

根据式（5.3）（5.6）可以得出：

$$\hat{p}(\bar{e}) \geqslant \frac{\hat{w}(\bar{e}) - 10}{10(\bar{e} - 1)} \tag{5.7}$$

根据式（5.2）（5.7）可以得出表5.6所列数据。

表5.6　　存在非最低努力均衡的最低公平偏好工人概率（实施最低工资）

努力水平$\bar{e}$	2	3	4	5	6	7	8	9	10
公平偏好工人概率$\hat{p}(\bar{e})$	0.10	0.30	0.40	0.45	0.50	0.52	0.54	0.55	0.57

在最低工资制度下，企业必须提供50以上的工资。按照共享工资表

（表5.4），努力水平为8时的共享工资是48，努力水平为9时的共享工资为54，这样，只有公平偏好工人的概率在0.55以上，企业提供50的工资才能获得正的收益，因而如果 $p < 0.55$ ，企业不会提供劳动契约，当 $p > 0.57$ 时，企业会提供要求努力程度为10的契约。

但是，由于最低工资是50，如果按照共享工资，企业只能提供与努力水平9、10相对应的共享工资，但是，如果企业仍然根据没有最低工资限制的共享工资提供劳动契约，公平偏好工人可能会认为企业是不慷慨的，很可能会实施较低的努力水平。预期到这种情况，企业会提供比共享工资高一个等级的工资。与努力程度8、9、10相对应的工资应为54、61、68。

如果企业期望公平偏好工人提供所要求的努力水平，与努力程度8、9、10对应的公平偏好工人概率分别至少为0.629、0.638、0.644。

2. 重复交往均衡

命题5.4：在一个存在最低工资制度（最低工资为50）的 $n > 2$ 人博弈中，为不失一般性，假设只有1家企业，$n-1$ 名工人。假设存在两种类型的工人和企业，工人和企业是公平偏好的概率都为0.65，公平偏好工人和企业的利他不平等厌恶系数（ α_i ）和利己不平等厌恶系数（ β_i ）均为 $0.5 + \varepsilon$ 。那么在重复交往中，下述策略构成一个完美贝叶斯均衡。

工人的策略是：

如果企业提供共享工资契约，公平偏好工人接受契约，并实施要求的努力水平；自利偏好工人接受使他们获得不低于失业收益的契约，在非最后时期提供所期望的努力水平，在最后时期提供最低努力水平。

企业的策略如下：

1. 在第1期，企业向随机选择的工人提供契约 [65, 10]。

2. 在 $1 < t < T$ ，如果前一期的工人努力水平为10，企业向在位工人提供契约 [65, 10]；如果前一期的工人努力水平小于10，企业向其他工人提供契约 [65, 10]；如果企业已经与所有工人交易过，并且前一期的努力水平都小于10，那么企业选择不提供契约。

3. 在时期T，自利偏好企业向随机选择的没有违约过的工人提供契约 $(w, \bar{e}) = (65, 10)$ ，而公平偏好企业不提供契约。

4. 企业相信在非最后一期选择偷懒的工人是自利偏好的。

证明：

企业的策略：

在努力水平为 {1，2} 之间时，努力程度为 1 是最低的努力水平，努力水平为 2 也属于较低的努力水平范畴，因此，在重复交往分析过程中，不考虑努力水平在 {1，2} 之间的情况。由于当 $p = 0.65$ 时，自利偏好企业可以从较高的工资中获得大于最低水平的收益。

首先考虑第 T 期的努力和工资决策。

企业在第 T 期决策时，工人的类型没有被披露，企业不知道工人的具体类型，但是知道工人是公平偏好的概率为 0.65。这样，第 10 期的决策就相当于单次交往决策。

根据第二节的分析，如果 $p = 0.65$，自利偏好企业会提供使得公平偏好工人实施努力程度 10 的工资，而公平偏好企业只会提供 [5，1] 的劳动契约。这样，在最后一期中，公平偏好企业的效用最大化劳动契约是 $[w, \bar{e}] = [5，1]$，而自利偏好企业的一个效用最大化劳动契约是 $[w, \bar{e}] = [65，10]$。

其次分析第 T−1 期（倒数第 2 期）的情况。

在第 T−1 期，工人不知道在第 T 期会与哪种类型的企业交往。假设他们在第 T−1 期实施了所要求的努力水平。

在本书的假设中，公平偏好工人和公平偏好企业的概率都是 0.65，自利偏好企业和自利偏好企业的概率都是 0.35。这样，一个不知道企业类型的公平偏好工人在第 T 期的预期收益是：

$E\pi_w = 0.65 \times 5 + 0.35 \times (65 - 10) = 22.50$

一个不知道企业类型的自利偏好工人在第 T 期的预期收益是：

$E\pi_w = 0.65 \times 5 + 0.35 \times (61 - 10) = 26$。

因此，公平偏好工人在最后一期获得的预期剩余收益是 22.5 − 5 = 17.5，自利偏好工人在最后一期获得的预期剩余收益是 26 − 5 = 21。

如果自利偏好工人在第 T−1 期偷懒，企业就不会在下一期与其继续签订契约，这样，在下一期，该自利偏好工人就只能获得 5 的最低收益。由于在下一期失业的净损失为 21，这样，自利偏好工人就会在第 T−1 期提供最多 $\bar{e} = 10$ 的努力水平。因为当努力水平 $\bar{e} = 10$ 时，$c(e) = 10$，小于净损失 21。

因此，提供契约 $[w, \tilde{e}] = [61, 10]$ 对所有企业来说都是最优的。使用逆向归纳法，在所有前一时期，这也是最优的。公平偏好工人选择 $e = \tilde{e} = 10$，是因为在 $w = 65$ 时，这是一个公平选择，而自利偏好工人选择 $e = 10$，是因为不能继续签约的威胁提供了足够的激励。

公平偏好工人会接受任何共享契约，并按照共享契约来执行，因而公平偏好工人从来不会通过拒绝低的要约来惩罚企业。

证明完毕。

二 研究假设

如果理性和货币最大化行为是共同知识，实验的预期就是明确的。一旦劳动契约被接受，自利偏好工人会通过选择最低努力水平，来最大化自己的当期收益，企业预期到工人的自利行为，将选择提供最低可能的工资——在没有最低工资制度时提供工资水平为 1 单位，在实施最低工资制度时，选择不雇用任何工人。这样，根据经济行为的标准观点，工资和努力水平都将是最低的，将这种博弈嵌入有竞争的市场环境中，不会改变博弈理论分析的直接预期。

但是，大量证据表明，存在异质的公平偏好（Camerer，2003；Fehr and Schmidt，2003），公平偏好意味着一个人愿意牺牲一些物质利益来惩罚不公平的行为或者不公平的人，或者使支付更公平。在本书的情境下，工人通过提供低水平的努力程度来惩罚企业的较低工资出价，如果企业预期一些工人会拒绝低的出价，企业可能会有动机提高工资。因此，提出假设 1、假设 2：

假设 1：在所有设置中，实际工资水平与努力水平是正相关的，企业提供的工资水平越高，工人的努力水平就越高。

假设 2：在所有设置中，企业提供的工资要高于自利模型预测。

在没有实施最低工资制度以前，企业的工资选择范围是 $[1, 100]$，如果企业选择中间水平的工资，即 50 左右，就可以认为企业的出价是公平的。如果企业提供的工资水平低于 50，公平偏好工人就会认为企业是不慷慨的，而选择提供较低的努力水平来惩罚企业；如果企业提供 50 左右的较高工资，公平偏好工人就会将这看作企业慷慨的表现，就会对高工资回报以高努力的互惠行为。

但是，在实施最低工资制度以后，由于最低工资是 50，企业的工资选择范围变为［50，100］。如果企业提供 50 的工资水平，就意味着企业提供了可选的最低工资水平，因为 50 的工资水平是外生制度强制给定的。这样，公平偏好工人就不再认为 50 的工资是公平的、慷慨的，而认为企业是自私的，对自己是不公平的，因而会提供较低的努力水平。企业预感到这种情况，将会提供高于最低工资水平的工资，因此提出假设 3。

假设 3：在最低工资为 50 的情况下，企业将不会提供恰好等于 50 的工资水平，企业提供的工资将会高于 50。

在没有实施最低工资制度以前，企业和工人已经在劳动力市场上形成了一个均衡状态。在这个均衡状态中，基本上形成了公平工资的共识。在外生引入最低工资制度以后，最低工资改变了企业和工人的公平参照点。在没有实施最低工资制度以前，企业与工人的公平参照点是内生的，是互相博弈的结果，而在最低工资制度引入以后，法定最低工资成为双方的公平参照点。

在已经形成公平工资共识的基础上，在没有实施最低工资制度以前，均衡工资低于 50。在引入最低工资制度以后，企业支付的工资水平将会高于 50；在没有实施最低工资制度以前，均衡工资高于 50。在引入了最低工资制度以后，企业支付的工资水平将会高于没有最低工资制度时的均衡工资，因此，提出假设 4。

假设 4：在外生引入最低工资制度以后，实际工资将会高于没有实施最低工资制度时的工资水平。

企业与工人之间的劳动契约得以实施，劳动契约必须满足工人的参与约束（IR）和激励相容（IC）。工人的参与约束是工人参与交易的最低条件，在本书的研究框架下，工人的参与约束就是工人的保留工资，保留工资是工人能够接受的最低工资。如果企业提供的工资低于工人的保留工资，工人就不会接受劳动契约。工人的保留工资并不是一成不变的，而是内生的、环境依赖的，也是工人判断企业是否慷慨、公平的重要依据。

在其他条件不变时，企业提供的工资与保留工资的差距越大，工人就会认为企业越慷慨，就会更加努力工作。工人的保留工资除了受自身禀赋、价值观的影响以外，还受到外界条件的影响。最低工资是工人判断自己保留工资水平的重要参照点，如果没有外生法定最低工资，工人的保留工资会参照其禀赋，内生确定，而外生法定最低工资则成为工人判断其价值的主要参照点。如果实施最低工资制度，企业可以提供的最低工资是

50，因而工人就会认为他的价值应该在 50 以上，因此也就提高了工人的保留工资水平，因此，提出假设 5。

假设 5：最低工资制度将会提高工人的保留工资水平。

在勃兰特兹和查尼斯（Brandts & Charness，2004）的实验研究中，采用的是具有劳动者道德风险的博弈模型。他们的研究发现，在引入最低工资制度以后，工人的努力程度降低了。在本书的实验中，采用的也是具有劳动者道德风险的博弈模型，在引入最低工资制度以后，对于在没有最低工资制度时的同样工资，可能就会认为是不公平的，于是就可能提供较低的努力水平，因而提出假设 6：

假设 6：最低工资制度降低了工人的努力水平。

在实施最低工资制度以后，由于外生最低工资的强制实施，企业必须提供不低于最低工资的工资，企业的工资选择范围缩小了。最低工资改变了工人的公平参照点，原先被认为是公平的工资水平，在实施最低工资制度以后，就可能不再被认为是公平的。考虑到工人的公平偏好，为了使公平偏好工人认为企业是慷慨的，以激发工人的互惠行为，减少工人的道德风险，企业就必须提高工资水平，进而提高工人的收益份额；如果在劳动契约中企业没有增加工人的剩余份额，工人就会通过降低努力水平来增加其收益，降低企业的收益，以惩罚企业的不公平行为。无论是企业提高工资水平，还是工人降低努力水平，都会减少企业的收益，因而提出假设 7。

假设 7：最低工资制度降低了企业的收益。

在费尔等人（2006）的实验研究中，企业雇用工人的收益是外生确定的，与工人的努力程度无关，即没有考虑工人的道德风险问题。在他们的研究中，他们认为最低工资的增加提高了企业支付的实际工资，促使更多的工人选择接受劳动契约，因而可以提高雇佣人数。但是在本书的研究中，企业雇用工人的收益主要取决于工人的努力程度，在最低工资制度引入以后，企业需要支付更高的工资才能使公平偏好工人提供较高的努力水平，而与工人偏好异质相类似，企业的偏好类型也是异质的，部分公平偏好企业可能不会提供劳动契约，因而会造成市场雇佣需求减少，减少了雇佣人数，因而提出假设 8。

假设 8：最低工资制度降低了雇佣效率。

费尔等人（2006）在研究中发现，最低工资的临时性引入对实际工资具有永久性的影响，也就是即使最低工资被废除以后，实际工资将保持在接近存在最低工资制度时的水平，这样，最低工资引入前和最低工资被废除后，表现出显著不同的工资水准，尽管这两个经济环境的所有外生变量都是相同的。在许多实证研究中也发现工资具有黏性特征，在本书的研究中，最低工资已成为劳资双方判断工资公平与否的标准，即使在最低工资制度被废除以后，企业和工人对此也会具有记忆，它依旧会成为判断工资公平与否的锚。

　　同时，没有最低工资的限制，企业选择工资的空间大大增加，企业可以通过选择较低的工资来惩罚不努力的工人，以降低自己的风险，提高自己的收益，因而，提出假设9。

　　假设9：与实施最低工资制度相比，在废除最低工资后，实际工资有所下降，但还是高于没有实施最低工资时的工资水平。

　　根据同样的原因，最低工资制度的引入和废止对雇佣效率、契约效率和工人互惠水平可能具有不对称的影响，即最低工资制度对雇佣效率、契约效率和工人互惠水平具有持续的影响，因而，提出假设10、假设11、假设12。

　　假设10：与实施最低工资制度相比，在废除最低工资以后，雇佣效率有所提高，但与没有实施最低工资制度时相比，雇佣效率有所降低。

　　假设11：与实施最低工资制度时相比，废除最低工资以后，契约效率有所提高，但是与没有实施最低工资制度时相比，契约效率有所降低。

　　假设12：与实施最低工资制度相比，废除最低工资以后，工人努力水平有所提高，但是与没有实施最低工资制度时相比，工人努力水平有所降低。

　　费尔等人（2006）在研究中发现，在引入最低工资以后，工人的保留工资增加了，相当一部分工人的保留工资高于法定最低工资，在最低工资被废除以后，工人的保留工资稍微有点下降，但是，仍然超过没有引入最低工资制度以前的保留工资，这似乎是最低工资制度对工人的公平工资预期产生了一种棘轮效应。鉴于此，提出假设13。

　　假设13：与实施最低工资制度相比，在废除最低工资以后，工人的保留工资有所降低，但是与没有实施最低工资制度时相比，保留工资有所提高。

第四节　实验结果分析

一　最低工资与实际工资

（一）实施最低工资制度对实际工资的影响

按照标准经济模型的预测，最低工资的实施只会影响在实施最低工资制度以前低于最低工资水平的支付，而不会影响高于最低工资水平的实际工资，而本书的实验结果没有支持这样的结论。表 5.7 和图 5.1、图 5.2 给出了没有最低工资制度和实施最低工资制度后企业实际支付的工资情况。

通过表 5.7 可以发现，在没有最低工资制度时，实际平均工资为 54.75，最大值为 65，最小值为 40，方差为 7.5036，企业支付的工资远高于自利模型的预测。在实施最低工资制度以后，企业支付的工资水平有了较大幅度地提高，企业实际支付的工资平均值为 60.68，最大值为 75，最小值为 50。在实验设置中，最低工资水平设定为 50，尽管在没有实施最低工资制度以前，企业支付的平均工资已经高于 50，但是，在实施最低工资制度以后，企业支付的工资水平又增加了 11%。

表 5.7　　　　　　　　实施最低工资前后的平均工资

实验	契约数量	众数	中值	平均值	方差	最小值	最大值
没有最低工资实验	53	50	55	54.75	7.5036	40	65
实施最低工资实验	50	61	61	60.68	5.2311	50	75

资料来源：根据实验数据整理。

图 5.1 比较直观地描述了没有最低工资和实施最低工资实验设置中所有工人工资的分布状况。在图 5.1 中，工资间隔为 5，可以很明显地发现，在没有实施最低工资制度的情况下，企业支付的工资远高于自利模型的预测，实际工资低于 40 的比例很少。在没有最低工资设置中，42% 的工资低于等于 50，其中低于 50 的工资占比为 13%，等于 50 的比例为 29%，企业支付工资的众数为 50，实际工资水平在 60 和 65 的比例也较大，企业基本上倾向于简单均分收益或者均分剩余收益；在实施最低工

率为 50 的最低工资制度以后，虽然企业支付的工资不能低于最低工资水平 50，但是实际上企业选择支付 50 工资水平的比率很低，只有 4% 的工资出价等于 50，企业实际支付的工资水平大大高于没有最低工资制度以前。实际工资众数为 61，与没有最低工资时的工资众数 50 相比，提高了 22%。

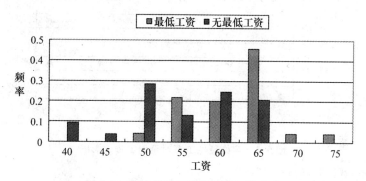

图 5.1　实施最低工资前后的工资分布

资料来源：根据实验数据整理。

为了进一步探讨最低工资制度对企业支付工资的影响，本书还建立了一个回归模型进行 OLS 回归分析。在模型中，实际成交工资为被解释变量，以最低工资作为哑变量（见表 5.8）。如果观察值来自最低工资设置，哑变量值为 1，否则为 0。回归结果表明，最低工资哑变量系数为 5.925283，在 1% 的显著性水平上显著，这进一步验证了最低工资的实施促进了实际成交工资的增长。

表 5.8　　　　　　　　　　　**实施最低工资对工资的影响**

最低工资哑变量	5.925283（4.62）***
常数项	54.75472（61.32）***
样本数量	103
Prob > F	0.0000
调整 R^2	0.1665

注：*** 表示在 1% 的显著性水平上显著。

资料来源：根据实验数据整理。

上面的分析主要从整体上对最低工资制度的影响进行了分析，为了研究这种影响的稳定性，本书对每期实验的结果进行了分析（见图5.2）。

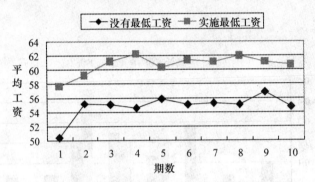

图5.2 实施最低工资对平均工资的影响

资料来源：根据实验数据整理。

通过图5.2可以发现，无论是否实施最低工资制度，实际成交的工资水平在开始时较低，在最后一期有所下降，但在中间的绝大部分实际上都是比较稳定的。同时，在任何一期，实施最低工资制度的实际成交工资都高于没有实施最低工资制度以前的实际成交工资。这表明最低工资制度对实际成交工资具有稳定而持续的影响。

按照上面的分析结果，可以得出结论1。

结论1：在没有最低工资制度时，实际工资远高于自利模型预测的工资水平；在引入最低工资制度以后，实际工资水平得到较大幅度地提高，即使在实施最低工资制度以前实际工资高于最低工资水平，在实施最低工资制度以后，实际工资水平也有了大幅度地增长。结论1支持了假设2、假设3、假设4。

（二）废除最低工资对实际工资的影响

实施最低工资制度使得实际成交工资大幅上涨，最低工资制度产生了显著的经济影响，那么，最低工资制度的经济效应是否存在对称性问题？没有实施最低工资制度的经济环境与废除最低工资制度的经济环境是完全一样的，那么废除最低工资制度以后，会产生什么样的经济结果？

在最低工资制度被废除以后，企业和工人面临的市场环境与没有引入最低工资制度以前是一样的。按照新古典经济学理论，在最低工资制度被废除以后，企业和工人的表现应该与没有引入最低工资制度以前完全一致。但是实验结果却表明不是这样（见表 5.9）。在废除最低工资制度以后，企业支付的工资平均为 56.77，虽然明显低于实施最低工资制度时的 60.68，但是也显著高于没有最低工资制度时的 54.75；从众数看，在没有最低工资制度以前，企业支付工资的众数为 50；在实施最低工资制度以后，企业支付工资的众数为 61；在废除最低工资制度后，企业支付工资的众数为 55。

表 5.9　　　　没有实施最低工资前和废除最低工资后的平均工资

实验	契约数量	众数	中值	平均值	方差	最小值	最大值
没有最低工资实验	53	50	55	54.75	7.5036	40	65
实施最低工资实验	50	61	61	60.68	5.2311	50	75
废除最低工资实验	52	55	55	56.77	8.4101	20	75

资料来源：根据实验数据整理。

在最低工资被废除以后，虽然已经没有最低工资的约束，但是企业在支付工资时还是受最低工资的影响，他们担心降低工资会影响工人的努力程度，因而提供了较高的工资。

表 5.10 描述了在没有实施最低工资前与废除最低工资以后，实际工资的分布情况。在没有实施最低工资制度以前，13% 的实际工资低于 45，而在废除最低工资制度以后，只有 4% 的实际工资低于 45；在最低工资实施以前和被废除以后，实际工资处于最低工资左右的比例相近，在没有实施最低工资以前，39% 的实际工资在 50 左右，而废除最低工资制度以后，40% 的实际工资在 50 左右，不过，在这部分工资中，在没有实施最低工资以前，28% 的实际工资小于或等于 50，只有 13% 的工资大于 50，而在废除最低工资制度以后，只有 19% 的实际工资小于或等于 50，31% 的实际工资大于 50；在没有实施最低工资以前，46% 的实际工资大于 55，其中大于 60 的占 21%，最大值为 65，而废除最低工资制度以后，47% 的实际工资大于 55，其中大于 60 的占 39%，最大值为 75。

表 5.10　　　在实施最低工资前和废除最低工资后的实际工资分布

工资区间	≤40	41—45	46—50	51—55	56—60	61—65	66—70	71—75
没有最低工资（%）	9	4	28	13	25	21	0	0
废除最低工资（%）	4	0	19	31	8	35	2	2

资料来源：根据实验数据整理。

　　通过具体工资的分布情况，可以发现，最低工资制度对企业和工人具有持续的影响，即使在废除最低工资以后，实际工资水平也高于没有实施最低工资制度时的水平。

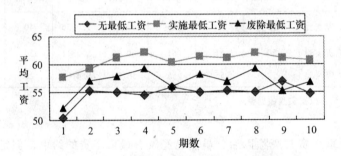

图 5.3　最低工资的实施与废除对平均工资的影响

资料来源：根据实验数据整理。

　　为了进一步分析最低工资制度影响的稳定性，图 5.3 描述了每期实验的平均工资分布情况。

　　通过图 5.3 可以发现，在所有时期里，在废除最低工资制度以后，企业支付的平均工资都低于存在最低工资制度的时候，表明最低工资制度确实发挥了作用，但是与没有实施最低工资制度以前的情况相比，在废除最低工资制度以后，几乎每期的实际成交工资都大于没有实施最低工资制度时的工资水平。最低工资制度对企业和工人的影响是稳定的、持续的。

　　通过上述分析，可以得出结论 2。

　　结论 2：最低工资的临时性引入对实际工资具有永久性的影响，也即最低工资在引入前和废除后，表现出显著不同的工资形态，尽管两个经济环境的所有外生变量都是相同的。结论 2 支持了假设 9。

二 最低工资与保留工资

（一）实施最低工资制度对保留工资的影响

保留工资是工人能够接受的最低工资，只有企业支付的工资不小于工人的保留工资，工人才会接受企业的工资要约。

图 5.4 是没有最低工资和实施最低工资环境的保留工资柱状图，保留工资区间以 5 为单位分布，表 5.11 给出了保留工资的统计分布情况。

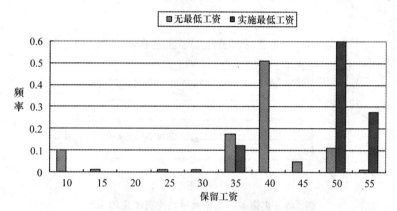

图 5.4 实施最低工资对保留工资分布的影响

资料来源：根据实验数据整理。

通过图 5.4 和表 5.11 可以发现，在没有最低工资时，只有 10% 的被试的保留工资在 0—10 之间，即只有很少部分工人被试选择接近自利模型预测的保留工资。相对地，超过 68% 的被试的保留工资至少为 40，有 11% 的被试的保留工资是 50，但是只有 1% 的被试的保留工资高于 50，平均保留工资是 36.64，众数和中值都是 40。

表 5.11 最低工资实施前后的平均保留工资

实验	契约数量	≤40	中值	众数	平均值	方差	最小值	最大值
没有最低工资	80	66	40	40	36.6375	11.27588	1	55
实施最低工资	80	10	50	50	49.175	5.7009	35	55

资料来源：根据实验数据整理。

但是，在引入最低工资制度以后，工人被试的保留工资发生了变化。虽然在无最低工资制度设置中，88%的保留工资低于最低工资水平，但是在最低工资设置中，只有13%的被试的保留工资低于最低工资水平，有60%的被试的保留工资等于最低工资水平，28%的被试的保留工资高于最低工资水平。这个结果表明，最低工资制度系统地影响了对公平工资的判断。很多工人在无最低工资制度时认为，50的工资是公平的和慷慨的，而在最低工资制度实验设置中被认为是不公平的。

图5.5描述了最低工资制度对每期平均保留工资的影响。

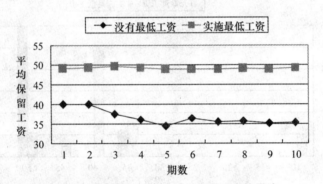

图5.5 实施最低工资对平均保留工资的影响

资料来源：根据实验数据整理。

在实验的所有时期里，最低工资制度环境中的工人被试的保留工资都高于没有最低工资制度时的经济环境。这表明最低工资制度对保留工资的影响是稳定的和持续的，没有随着时间的变化而变化。

为了进一步定量分析最低工资制度对保留工资的影响，本书还建立了一个简单的回归模型，在这个模型中，被解释变量是保留工资，最低工资制度被作为哑变量，如果观察值来自于最低工资实验，则哑变量的值为1，否则为0。通过OLS回归分析发现，最低工资哑变量系数为512.5375，在1%的显著性水平上显著，回归分析表明，最低工资制度显著地影响了工人被试的保留工资（见表5.12）。

最低工资对保留工资影响的解释可以从公平意图来给出。实验研究已经表明，在不同的公平意图框架下，相同的支付分布被感知为不同的公平对待（Falk et al.，2003）。不公平要约的反对率依赖要约的可选择集合，在10美元最后通牒设置中，提议者可以选择8：2（提议者8，回应者2）

或者 5∶5 的分配方案，而在控制设置中，提议者只能提供 8∶2 或者 10∶0
的方案。在主设置中，8∶2 方案的被拒绝率很高（44%），而在控制实验
中则很低（9%）。这样，当 5∶5 的方案可以选择时，这个实验中的被试
似乎表现出将同样的要约（8∶2）看作不公平。类似的心理学机制也可以
解释保留工资的变化。在本书的情境下，只要企业具有提供更低工资的选
择，提供 50 的工资就可能被感知为慷慨的，然而，如果 50 是企业能够提
供的最低工资，就不会是公平意图的信号。换句话说，如果最低工资是
0，50 被认为是公平的，但是如果最低工资是 50，那么情况就不是这
样了。

表 5.12　　　　　　　　　　实施最低工资对保留工资的影响

最低工资哑变量	512.5375（8.88）***
常数项	36.6375（36.68）***
样本数量	160
Prob > F	0.0000
调整 R^2	0.3285

注：*** 表示在 1% 的显著性水平上显著。
资料来源：根据实验数据整理。

通过上面的分析，可以得出结论 3。

结论 3：在没有最低工资制度的情况下，个体保留工资远高于自利模
型的预测，但是几乎都低于最低工资水平（50），但是，在引入最低工资
法以后，工人的保留工资有了大幅度地提高，较大比例被试的保留工资要
高于最低工资水平。结论 3 支持了假设 5。

（二）废除最低工资对保留工资的影响

图 5.6 显示了保留工资在两个没有最低工资实验设置中的柱状图，即
没有最低工资和废除最低工资时的情形。在没有最低工资制度限制的情况
下，工人的保留工资都比实施最低工资制度时有了较大幅度地降低。没有
最低工资制度时的平均保留工资是 36.64，比实施最低工资时的 49.18，
低了 34%，也就是 50 的最低工资制度使得工人的保留工资平均增加了
34%。在最低工资制度被废除以后，工人的平均保留工资是 33.49，比实
施最低工资时的 49.18，降低了 32%，也比没有最低工资经验的工人减少

了近9%。

从表5.13中可以发现，虽然保留工资的平均值变化明显，但是保留工资的中值和众数都是40，这说明在最低工资被废除以后，大部分工人被试的保留工资没有受到最低工资经验的持续影响，而部分工人被试的保留工资则有了较大幅度地降低，具体表现为在废除最低工资制度以后，出现了非常低的保留工资，虽然在没有实施最低工资和废除最低工资以后，保留工资的中值和众数完全一样，但是由于在非常低的区间和中间区间，保留工资有了较大幅度地降低，因而从总体来看，最低工资的废除对工人被试的作用是负向的。

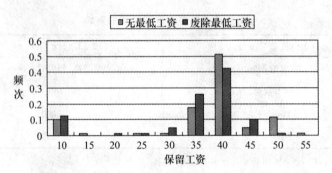

图5.6　最低工资实施前与废除后的保留工资分布

资料来源：根据实验数据整理。

表5.13　　　　　　没有、实施和废除最低工资时的平均保留工资

实验	契约数量	≤40	中值	众数	平均值	方差	最小值	最大值
没有最低工资实验	80	66	40	40	36.6375	11.27588	1	55
实施最低工资实验	80	10	50	50	49.175	5.7009	35	55
废除最低工资实验	80	38	40	40	33.4875	12.8978	1	50

资料来源：根据实验数据整理。

图5.7描述了最低工资制度对每期平均保留工资的影响。在实验的所有时期，存在最低工资制度环境中的工人被试的保留工资都高于没有最低工资制度时的经济环境。但是在废除最低工资制度以后，工人的保留工资大幅下降，与没有最低工资经验的工人相比，所有时期的平均保留工资都较低，而且这种影响是稳定的和持续的，没有随着时间的变化而变化。

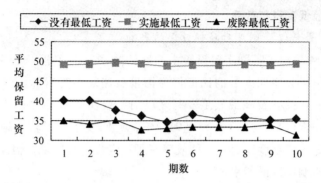

图 5.7　没有、实施和废除最低工资对平均保留工资的影响

资料来源：根据实验数据整理。

费尔等人（2006）的研究发现，最低工资制度之所以会影响实际成交工资，是因为最低工资制度影响了工人的保留工资。他们发现，最低工资对保留工资具有不对称的影响，引入最低工资制度引起了工人被试保留工资的大幅增长，而在最低工资制度被废除以后，工人的保留工资没有相应下降到没有最低工资制度以前的状态，依然维持在接近存在最低工资制度时的水平。

但是在本书的研究中，没有发现这样的证据。本书的研究发现，在最低工资制度被废除以后，工人被试的保留工资恢复到了没有实施最低工资制度时的水平。

通过上面的分析，可以得出结论 4。

结论 4：在废除最低工资制度以后，工人的保留工资迅速下降到实施最低工资以前的水平。结论 4 没有支持假设 13。

关于最低工资对工人保留工资的影响，本书的研究结论与费尔等人的结论有所不同，主要的原因可能一是费尔等人使用的研究框架没有考虑工人的努力水平，交易剩余是外生给定的，一旦交易契约形成，交易剩余就确定了。而在本书的研究中，交易契约形成以后，契约的实施依赖工人的努力水平，工人可以通过调整自己的实际努力水平来调节自己的实际收益。二是本书研究使用的被试群体的特征可能不同于费尔等人使用的被试群体，以致研究结论出现了较大幅度地差异。这需要在以后的扩展研究中进行检验。

三　最低工资与效率

（一）最低工资制度对雇佣效率的影响

表 5.14 给出了不同实验设置中的雇佣效率，在这里，使用实际雇佣人数与理论最大雇佣人数的比值作为衡量雇佣效率的指标。通过表 5.14 可以发现，在没有实施最低工资制度以前，雇佣效率是 96.7%；在引入最低工资制度以后，雇佣效率为 91.7%，雇佣效率有了较大地降低，而在废除最低工资制度以后，雇佣效率有了一定程度地恢复，但还是低于没有最低工资制度以前的水平。

表 5.14　　　　　　　　最低工资对雇佣效率和契约效率的影响

实验	没有最低工资实验	实施最低工资实验	废除最低工资实验
雇佣效率（%）	96.7	91.7	93.3
契约效率（%）	69	76	72

注：雇佣效率＝实际雇佣人数/最大雇佣人数。

契约效率＝实际实现的收益/成交的最大联合收益。

资料来源：根据实验数据整理。

在没有最低工资实验中，虽然企业的工资出价要约接近最优工资，但是明显低于最优工资，因此，很可能雇佣会低于自利模型的预测。在引入最低工资制度以后，企业被迫支付高于没有最低工资制度时的工资，这样，原则上，最低工资的引入可能会导致雇佣的增长。但是，最低工资导致了相当程度的保留工资增长，以致工人可能会拒绝在没有最低工资制度的环境中所接受的工资。依赖每种效应的作用强度，最低工资可能会提高雇佣，也可能会降低雇佣。

在最低工资设置中，保留工资的增长抵消了最低工资潜在的积极影响。在没有最低工资环境中，只有 1% 的保留工资高于最低工资水平 50，这意味着，如果没有保留工资的偏移，最低工资会将雇佣效率提高到几乎 100% 的水平。

社会偏好是人们在交往中内生形成的，在设计显性制度时，必须考虑人们的偏好类型。与社会偏好互补的显性制度，才会更好地起到激励作用，而以自利偏好为基础的显性制度，往往会挤出人们的社会偏好行为，产生更多的自利偏好行为，不能实现有效的合作。

（二）最低工资制度对契约效率的影响

为了研究最低工资对工人努力水平的影响，本书还对契约效率进行了检验。在这里使用实际实现的剩余收益与理论成交最大剩余收益作为契约效率的衡量指标。通过表 5.14 可以发现，在没有实施最低工资制度以前，契约效率是 69%；在引入最低工资制度以后，契约效率为 76%，契约效率有了较大幅度地提高；而在废除最低工资制度以后，契约效率有了一定程度地下降，但还是高于没有最低工资制度以前的水平。

在实施最低工资制度时契约效率高与工人的公平互惠行为有关。在实施最低工资制度时，由于存在法定最低工资的约束，企业支付了较高的工资，工人将企业的高工资感受为慷慨行为，因而愿意用积极的努力来回报企业的善意行为。

通过以上分析，可以得出结论 5。

结论 5：最低工资制度会影响雇佣效率，引入最低工资制度降低了雇佣效率，废除最低工资使得雇佣效率有所回升，但是低于没有最低工资制度以前的水平；最低工资制度也会影响契约效率，引入最低工资制度提高了契约效率，废除最低工资使得契约效率有所降低，但是高于没有最低工资制度以前的水平。结论 5 支持了假设 8、假设 10，但是没有支持假设 11。

四　最低工资与企业收益

在实施最低工资制度以后，企业提供的工资水平提高了，工人的收益显然得到了提高，但是，最低工资制度对企业收益的影响如何？

表 5.15 描述了实际成交工资对企业收益的影响。通过表 5.15 可以发现，在没有最低工资制度时，企业收益与企业提供的工资水平显著正相关。在 OLS 回归分析中，被解释变量是企业收益，解释变量是实际成交工资。在没有最低工资制度时，实际成交工资系数为 2.058438，在 1% 的显著性水平上显著，企业支付的工资越高，企业获得的收益也越高。这说明工人将企业提供的高工资看作企业慷慨的表现，为了回报企业的慷慨行为，工人用高努力水平提高了剩余收益总量，在工资水平确定的情况下，提高努力水平而产生的交易剩余增量被企业获得，因而随着实际支付工资的增加，企业的收益也是增加的。

表 5.15   没有、实施和废除最低工资时工资对企业收益的影响

实验	没有最低工资	实施最低工资	废除最低工资
工资	2.058438 (5.29) ***	-0.2959847 (-0.42)	0.3910095 (0.81)
常数项	-95.57709 (-4.44) ***	36.28035 (0.84)	-4.158848 (-0.15)
样本数量	53	50	52
Prob > F	0.0000	0.6774	0.4190
调整 R^2	0.3415	-0.0171	-0.0066

注：1. *** 表示在1%的显著性水平上显著；括号内的数字是t统计值。

   2. 为了减少截止期效应，剔除了最后1期的数据。

资料来源：根据实验数据整理。

在实施最低工资制度以后，企业收益与提供的工资水平不再显著，实际工资的相关系数尽管不显著，但是系数却为负值，企业提供的工资越高，企业获得的收益就越低。这可以从两方面来解释：一是最低工资改变了工人的偏好，原先被认为慷慨的工资，不再被认为是慷慨的，甚至被认为是不公平的，因而工人的努力水平开始下降，造成企业收益下降；二是企业为了维持工人的互惠行为，提供了比最低工资要求更高的工资，使得工人获得了更多的剩余份额。

在废除最低工资以后，企业的收益与实际工资之间的关系虽然不显著，但是工资变量的系数还是为正。通过前面的分析已经知道，在废除最低工资以后，企业支付的工资水平是低于存在最低工资制度环境中的工资水平的，但是高于实施最低工资制度以前环境中的工资水平。产生这种结果的一个原因是最低工资形成了工人的锚定效应，工人认为企业提供的工资低于实施最低工资制度以前，他们认为企业是吝啬的、不慷慨的，对自己是不公平的，因而通过降低努力水平来惩罚企业。

通过以上分析，可以得出结论6。

结论6：最低工资制度对企业收益水平具有不对称的影响，最低工资制度的实施降低了企业的收益水平，在废除最低工资以后，企业的收益虽然有所上升，但是显著地低于实施最低工资制度以前的水平。结论6支持了假设7。

五　最低工资与努力程度

表 5.16 列出了努力水平与实际工资的回归统计结果。在统计模型中，被解释变量是工人的努力水平，解释变量是实际工资水平。通过表 5.16 可以发现，在没有实施最低工资以前，实际工资每增加一个单位，工人的努力水平相应提高 0.3058438 个单位，并且实际工资相关系数在 1% 的努力水平上显著。

在引入最低工资制度以后，企业提供的实际工资对工人努力水平的相关系数虽然还为正，但是相关系数并不显著，这说明在引入最低工资制度以后，工人认为企业提供的高工资是被迫的，没有将其看作是企业的慷慨和仁慈，因而实际努力水平与实际工资水平相关性不大。

在废除最低工资以后，虽然实际工资水平低于实施最低工资时的水平，但是实际工资与努力水平的相关系数显著为正，并且在 1% 的显著性水平上显著。在废除最低工资以后，虽然实际工资显著地影响了工人的努力水平，但是影响程度明显低于没有实施最低工资制度以前。在没有实施最低工资制度以前，实际工资每增加 1 个单位，工人努力水平相应提高 0.3058438 个单位，而在废除最低工资以后，实际工资每增加 1 个单位，工人努力水平相应提高 0.139101 个单位。

表 5.16　　　没有、实施和废除最低工资时工资对努力水平的影响

实验	没有最低工资	实施最低工资	废除最低工资
工资	0.3058438（7.86）***	0.0704015（1.00）	0.139101（2.90）***
常数项	−9.557709（−4.44）***	3.628035（0.84）	−0.4158848（−0.15）
样本数量	53	50	52
Prob > F	0.0000	0.3245	0.0055
调整 R^2	0.5387	−0.0002	0.1268

注：1．*** 表示在 1% 的显著性水平上显著；括号内的数字是 t 统计值。

　　　2．为了减少截止期效应，剔除最后 1 期的数据。

资料来源：根据实验数据整理。

通过表 5.16 可以发现，在实施最低工资制度以后，工人的努力水平与实际工资的相关性不显著，但是相关系数也为正数。通过表 5.17 可以

看到，实施最低工资制度以后的平均努力水平还是提高了，这说明虽然最低工资制度所导致的高工资没有被完全看作慷慨的表现，但是最低工资的溢出效应，导致工人将溢出部分看作企业的慷慨表现，因而表现出互惠行为。

表 5.17　　　　　　没有、实施和废除最低工资时的平均努力水平

实验	没有最低工资实验	实施最低工资实验	废除最低工资实验
平均努力水平 （全部数据）	6.97	7.75	7.34
平均努力水平 （剔除最后 1 期）	7.19	7.90	7.48

资料来源：根据实验数据整理。

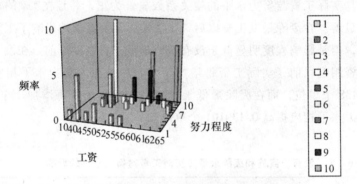

图 5.8　没有最低工资时的努力程度与频率

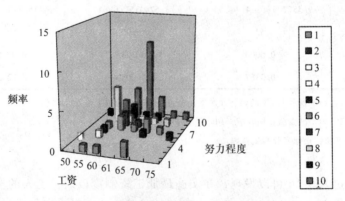

图 5.9　实施最低工资时的努力程度与频率

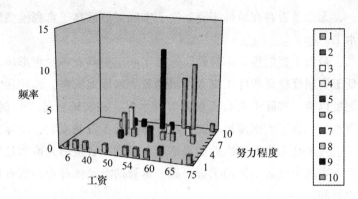

图 5.10　废除最低工资时的努力程度与频率

通过以上分析，可以得出结论 7。

结论 7：在实施最低工资制度以前，实际工资水平对工人的努力程度具有显著正向的影响；在实施最低工资制度时，实际工资水平对工人努力程度的影响并不显著；在废除最低工资制度时，实际工资水平对工人的努力程度具有显著的正向影响，但影响程度不如没有实施最低工资制度以前。结论 7 支持了假设 1、假设 12。

一般来说，在进行劳动制度设计时，暗含的假设前提是工人行为是稳定的，没有考虑工人行为与制度之间的互动与演变。实际上，在劳动制度实施前后，工人的行为会随着制度的实施而发生相应地改变。因此，在设计劳动制度时，必须考虑工人的行为反应。如果实施的制度与工人的行为偏好互补，就会提高制度的效率；如果实施的制度对工人的行为偏好产生了挤出作用，就会降低制度的效率，制度的作用就会打折扣，或者起到相反的作用。

小　结

本章沿着前人的最低工资实验研究轨迹，将契约不完全性和工人保留工资等结合在一起进行实验研究，提高了实验检验的有效性和全面性。本章设计了基础实验、实施最低工资实验、废除最低工资实验等，检验了最低工资制度与劳动契约行为的关系。通过对实验结果进行分析，得出如下研究结论：

第一，无论是否存在最低工资制度，实际工资远高于自利模型所预测的工资水平。

第二，最低工资制度的临时性实施对实际工资具有不对称影响。

最低工资制度使得实际工资水平得到较大幅度地提高，即使在实施最低工资制度以前，实际工资高于最低工资水平，在实施最低工资制度时，实际工资水平也有了大幅度地增加；在废除最低工资制度后，实际工资也显著高于引入最低工资制度以前的水平。在最低工资被引入前和最低工资被废除后，表现出显著不同的工资形态，尽管两个经济环境的所有外生变量都是相同的。

第三，最低工资制度的临时性实施对保留工资具有对称的影响。

在没有最低工资制度的情况下，个体保留工资远高于自利模型的预测，但是几乎都低于最低工资水平（50），但是，在引入最低工资以后，工人的保留工资有了大幅度地提高，较大比例被试的保留工资要高于或等于最低工资水平；在废除最低工资制度以后，工人的保留工资迅速下降到没有实施最低工资以前的水平。

第四，最低工资制度的临时性实施对雇佣效率和契约效率具有不对称影响。

最低工资制度降低了雇佣效率，废除最低工资制度使得雇佣效率有所回升，但是低于没有最低工资制度以前的水平；最低工资制度提高了契约效率，废除最低工资制度使得契约效率有所降低，但是高于没有最低工资制度以前的水平。

第五，最低工资制度的临时性实施对企业收益具有不对称影响。

最低工资制度降低了企业的收益水平，废除最低工资制度使得企业的收益有所上升，但是显著地低于实施最低工资制度以前的水平。

第六，最低工资制度的临时性实施对工人努力水平具有不对称影响。

在没有实施最低工资制度以前，实际工资水平对工人的努力程度具有显著正向的影响；在实施最低工资制度以后，实际工资水平对工人努力程度的影响并不显著；在废除最低工资制度以后，实际工资水平对工人的努力程度具有显著的正向影响，但影响程度不如没有实施最低工资制度以前。

按照标准契约理论，几乎所有的经济推理都基于这样的逻辑：行为改变的主要原因是由于激励条件的改变，激励条件改变了，"经济人"的行为就会发生改变；激励条件没有发生改变，"经济人"的行为就不会发生改变，有什么样的激励条件，"经济人"就会表现出什么样的行为。以前关于经济政策的研究主要关注政策怎么改变激励，但是，本书的研究结果认为，经济政策具有更深层次的影响。在引入最低工资以后，实验的被试提出了更高的保留工资要求，这表明最低工资影响了被试的公平感知，原先被试认为是公平的工资可能不再被认为是公平的。

本书的证据可以与支持非收入性信息会影响行为的观点的证据联系起来考虑。按照非收入性信息会影响行为的观点，当直接指向其他人的个人责任时，非收入性信息的相关性更强；也许是由于自我偏差，与察觉到的正向意图相比，人们对察觉到的负向意图会作出更强的反应；激励和行为不能总是靠认知和预期来分离。一些菜单选项可能恰恰是因为其自然而更显著，更容易进入人们的眼帘。在这一点上，认知和激励的相互作用还是一个没有被研究的领域，但是它对理解社会和经济生活是相当重要的。

第六章　结论与展望

第一节　主要结论

本书使用比较制度实验方法，考虑了劳动契约的不完全性、长期交往性、当事人偏好异质性等基本特征，在社会偏好视角下探讨了雇佣保护和最低工资制度对劳动契约当事人行为的影响，取得了一些具有较高学术意义和政策参考意义的研究结论。

第一，偏好异质性。

在新古典经济学框架下，"经济人"被定义为极端自私自利的、完全没有人格化感情的人，自利经济人所有行为的理由都源于其对自身效用的追求。行为经济学和实验经济学提出的非标准偏好、非标准信念和非标准行为都对传统的最优化思想提出了严峻的挑战。在行为经济学和实验经济学看来，人类的认知能力是有限的，是依赖于具体情景的，偏好并不是完全自利性的，而是内生的、异质的、与制度环境交互作用的。

按照标准经济学理论，如果契约当事人都是纯自利偏好的，那么，在本书设计的实验劳动力市场中，在没有实施雇佣保护制度、最低工资制度等劳动制度以前，市场交易效率应维持在很低的水平上；在实施雇佣保护制度以后，市场交易量与交易效率不会发生根本的改变，在实施最低工资制度以后，市场交易量和交易效率将会进一步降低。

本书第四、五章的比较制度实验都验证了经济人的偏好异质性。在雇佣保护实验研究中，企业提供的工资水平远高于自利模型所预测的工资水平，并且工资水平越高，工人的努力程度越高，契约效率维持在较高的水平，远远偏离了自利模型预测的水平。在最低工资制度实验研究中，在没有引入最低工资制度的时候，企业支付的实际工资同样远高于自利模型所预测的工资水平。

　　但是，实验交易结果也表明，虽然契约交往维持在较高的水平，但是并没有达到最优效率水平，这验证了自利偏好假设是不正确的，但假设人都是完全社会偏好也是不正确的，而偏好异质性是经济人偏好的基本表现形式。

　　第二，劳动制度与公平参照点。

　　在社会偏好理论中，参照点是一个重要变量，直接影响着经济当事人公平与否的判断。卡尼曼等人（Kahneman et al.，1986）认为，个体关于一处收益削减是否公平的判断强烈地依赖于收益削减的原因：如果企业削减收益，仅仅因为劳动力市场环境恶化，工人就认为是高度不公平的；而削减收益是为了防止企业破产，则更值得接受。与真实收入同样的削减（被感知为收益的减少）相比，工资削减（被感知为损失）被认为是更不公平的。

　　本书的第三章采用公平理论作为模型分析的理论基础，对异质偏好契约当事人进行理论模型分析。在异质偏好假设条件下，如果实施一项劳动制度 I，该项劳动制度可以提高工人的谈判能力，根据参照点依赖的社会偏好理论，工人的公平参照点会发生改变，这会影响工人的努力选择。如果企业意识到了工人公平参照点的变化，而提供了工人预期的或者超过预期的待遇，工人就会提供所要求的努力水平，这样，劳动制度没有影响总体绩效，只是改变了生产剩余在企业与工人之间的分配。如果企业没有意识到工人公平参照点的变化，还是按照以前的标准提供待遇，工人就会选择降低努力水平来惩罚企业，这样，劳动制度就降低了总体绩效，当然也影响了生产剩余在企业与工人之间的分配。

　　第三，雇佣保护制度与行为。

　　雇佣保护制度的核心内容是对企业解雇行为的制度化约束，提高企业解雇工人的成本。在达到一定的雇佣条件以后，雇佣保护制度生效，企业不能随意解雇工人，而要解雇工人需要支付高额的解雇补偿成本。给定解雇威胁策略的重要性，雇佣保护（解雇限制）是一个研究不完全契约问题的特别重要的制度。雇佣保护（解雇限制）具有从根本上改变企业和工人策略交往的潜力，也就改变了劳动契约关系的形成模式。

　　中国《劳动合同法》中的无固定期限劳动合同规定就是一种典型的雇佣保护制度，这项雇佣保护制度的经济效应也是各界争论的焦点。本书的第四章研究了中国雇佣保护制度——无固定期限劳动合同制度对劳动契约当事人行为的影响，得出如下主要结论：

1. 在没有合同期限限制的情况下，企业对于选择 1 期或者 3 期合同是无差异的；企业对于 1 期或者 3 期合同提供的工资是相同的。

2. 在存在合同期限限制的情况下，企业倾向于签订 3 期合同；企业对 3 期合同提供的工资要高于 1 期合同。

3. 相对于不可解雇的长期合同而言，可解雇的长期合同会促使工人提供更高的努力水平。

4. 企业提供的工资水平随时间变化呈平稳状态；工人提供的努力水平随时间的推移而降低，解雇威胁会促使工人提高努力水平。

5. 合同期限限制对就业的效率影响不大，但是降低了契约效率；解雇威胁提高了契约效率和就业效率。

第四，最低工资制度与行为。

在最低工资被引入以前，企业与工人之间所形成的工资契约是企业与工人长期相互博弈的均衡结果，工人根据自己的保留工资分别进行要约谈判，并没有统一的参照标准；在最低工资实施以后，劳动契约当事人就具有了统一的参照系。本书的第五章研究了最低工资制度实施与废除对劳动契约当事人行为的影响，主要得出了如下的结论：

1. 最低工资制度使得实际工资水平得到较大幅度地提高，即使在实施最低工资制度以前，实际工资高于最低工资水平，在实施最低工资制度以后，实际工资也大幅增长，但是，在最低工资制度被废除以后，实际工资没有恢复到实施前的水平。

2. 在没有最低工资制度时，工人的保留工资虽然远高于自利模型的预测，但是几乎都低于最低工资水平；最低工资使得工人的保留工资大幅提高；在废除最低工资制度以后，工人的保留工资迅速下降到没有实施最低工资以前的水平。

3. 最低工资制度降低了就业水平，废除最低工资使得就业水平有所回升，但是低于没有最低工资制度以前的水平；最低工资制度提高了契约效率，废除最低工资使得契约效率有所降低，但高于没有最低工资制度以前的水平。

4. 最低工资制度的实施降低了企业的收益水平，废除最低工资使得企业的收益有所上升，但是显著低于实施最低工资制度以前的水平。

5. 在没有实施最低工资制度以前，实际工资水平对工人的努力程度具有显著的正向影响；在实施最低工资制度以后，实际工资水平对工人努力程度的影响并不显著；在废除最低工资制度以后，实际工资水平对工人的努力程度具有显著的正向影响，但影响程度不如没有实施最低工资制度以前。

第二节　展望

本书在社会偏好理论的基础上，使用比较制度实验方法研究了雇佣保护和最低工资制度对劳动契约当事人行为的影响，得出一些具有较高学术和政策参考意义的结论。从社会偏好视角进行劳动制度研究，在国内基本上处于起步阶段，本书进一步的研究方向主要有：

第一，偏好异质程度对雇佣保护、最低工资制度作用效果的影响。

根据关于社会偏好的实验研究结果，人们的偏好类型并不是同质的，而是异质的。在异质偏好行为人群体中，按照不同偏好类型行为人的主导地位，相同的外生劳动制度可能会产生不同的结果。社会偏好类型行为人占群体的比例达到何种程度，实施雇佣保护、最低工资等劳动制度的经济后果会发生逆转？虽然在本书第三章的理论模型分析中，笔者对这些问题进行了初步的分析，但是采用比较制度实验方法检验相关阈值，验证理论分析结果，是一个可能的延伸研究方向。

第二，关于显性制度与偏好的共生演化研究。

按照社会偏好理论的研究，行为人的偏好类型是异质的，而且行为人的偏好类型并不是完全不变的，行为人的偏好类型会随着外在制度环境的变化而发生相应地变化。经过长时间的演化，不仅行为人的偏好类型会发生变化，而且偏好类型的改变还会影响制度的执行效果，行为人的偏好类型与制度环境是相互影响、演化的。

由于劳动契约的高度不完备性，绝大部分的劳资关系协调实际上依赖于其所处的社会规范和道德标准，而显性劳动制度要发生作用，更多的是通过塑造社会规范、道德标准以及偏好的方式来体现的，劳动制度对社会规范、道德标准乃至偏好的影响是一个长期持续的过程。

因此，利用演化博弈建模手段，厘清偏好和劳动制度是如何发生演进的以及它们之间是如何交互影响的，深入探讨如何利用社会偏好和激励层次来构建和谐的劳动关系、设计和谐的劳动契约，应是一个可能的延伸研究方向。

第三，在雇佣保护、最低工资等制度下的不同激励契约效率的比较研究。

经过长期的发展与融合，企业与个人之间形成了各种各样的劳动激励契约形式，如固定工资契约、奖金契约、收益分成契约等。在相同的偏好假设下，不同的激励契约形式可能具有不同的经济后果。如果过多地考虑人的自利性偏好，这样的制度安排很可能会导致具有社会偏好的当事人演化生成自利性偏好，产生制度的挤出效应；若其出发点适当考虑行为进路、社会偏好等，机制设计的结果可能会是制度层次间的互补。

像雇佣保护、最低工资等劳动制度属于法定约束的范畴，企业只能无条件执行，没有回旋的余地，而选择什么样的激励契约形式则属于企业的权力范畴。借助于一系列成熟的实验技术，在实验室内构建雇佣保护、最低工资等法律环境以及社会规范下的不同劳动契约设置，比较法律制度下各种可行激励契约的效率，进而选择出适合企业的相对较优的激励契约，这也许是本书研究的一个潜在研究方向。

第四，研究不同劳动制度之间的共生演化。

在现实世界中，存在多种劳动制度，这些劳动制度往往是基于自利偏好假设来制定的，在实际执行过程中，经常会出现一些与设想不一致的地方。在实际经济运行中，各种劳动制度相互作用、相互影响。不同的劳动制度所设立的出发点是不同的，它对劳动契约当事人行为的影响也是不同的。不同的劳动制度的相互影响、演化会对劳动契约当事人产生哪些影响？这可能是一个重要的研究方向。

附　　录

附录 A.1　雇佣保护实验说明(基础实验)

你今天参加的是一个具有真实报酬的经济学实验，该实验得到了下列基金项目的支持：国家自然科学基金项目（70672029，主持人：李建标教授）、教育部人文社会科学重点研究基地项目（05JJD630023，主持人：邢晓林教授、李建标教授）、国家自然科学基金重点项目（70532001，主持人：李维安教授）。

你的报酬取决于你在实验中所做的决策。实验收益用 $G\$$（Game Dollar）计算，实验结束后，我们将根据你在实验中所获得的 $G\$$，按照一定比例给你兑付现金。请不要相互交流，以下是实验说明，如对实验说明有不理解的地方，请向实验主持人举手示意。

本实验共有 13 人参与，随机分为 2 组：F 组和 W 组，其中 F 组 3 人，代表企业身份；W 组 10 人，代表雇员身份。在每期实验中，每家企业最多可以雇用 3 个雇员，每个雇员只能受聘于一家企业。

企业的编码分别是 F1，F2，F3；雇员的编码分别是 1，2，…，10，在整个实验中，每位参与人的身份保持不变。

企业提供的雇佣合同有两种：1 期合同和 3 期合同。其中，1 期合同是指每期实验完成后，企业和雇员要重新进行合同谈判；3 期合同是指该合同一旦签订，则连续 3 期实验有效，在第 4 期再重新进行合同谈判。在每期合同中，雇员付出的努力程度用 e 表示，企业提供的工资用 w 表示，单位均为 $G\$$。企业的收益函数如下：

$$\pi_{\text{Firm}} = \begin{cases} 0,\ \text{如果没有雇用到雇员} \\ 10e_1 - w_1,\ \text{如果雇用一个雇员} \\ 10e_1 - w_1 + 10e_2 - w_2,\ \text{如果雇用两个雇员} \\ 10e_1 - w_1 + 10e_2 - w_2 + 10e_3 - w_3,\ \text{如果雇用 3 个雇员} \end{cases}$$

注意：企业可以为不同的雇员提供不同的工资，企业提供的工资范围是 $\{1,\ 2,\ \cdots,\ 100\}$。

雇员的收益函数如下：

$$\pi_w = \begin{cases} w - c\ (e),\ \text{如果被雇佣} \\ 5,\ \text{如果未被雇佣} \end{cases}$$

$c(e)$ 表示雇员提供努力程度 e 时所付出的成本，雇员努力程度的范围是 $\{1,\ 2,\ \cdots,\ 10\}$。

表 A.1 　　　　　　　　　　雇员努力程度——成本对照表

努力程度 e	1	2	3	4	5	6	7	8	9	10
努力成本 $c(e)$	0	1	2	4	6	8	10	12	15	18

本实验共进行 20 期，每期持续 200 秒，单期实验结构如下：

1. 企业提出合同要求：每家企业只能提供两种合同类型——1 期合同和 3 期合同。企业在实验规定的范围内自主决定两种类型合同的工资报价和要求的努力程度。

企业工资报价和要求的努力程度填写完毕后，进入雇员选择阶段。

2. 合同的双向选择：雇员和企业通过双向选择确定合同。

（1）雇员选择合同

企业工资报价和要求的努力程度填写完毕后，雇员根据企业提供的工资、要求努力程度和合同期限，自主选择企业和合同类型，每次只能选择一家企业中的一种合同。雇员选择的合同，在得到企业确认后才能生效。在企业确认前，雇员可以更新合同选择，在程序上只保留最新合同。雇员在本期合同生效后，不能再进行合同选择。雇员接受的工资合同只有本人及与其签约的企业知道，其他企业和雇员都不知道。

（2）企业选择雇员

企业工资报价和要求的努力程度填写完毕后，根据雇员的应聘信息自主决定雇用选择本企业合同的雇员，每家企业最多选择 3 个，也可以少选或不选。

3. 合同执行：在合同签订后，进入执行阶段。雇员可以不受合同中努力程度要求的约束，按照自己的意愿，提供努力程度。企业知道雇员提供的真实努力程度，但企业只能按合同规定的工资支付给雇员。

4. 在每期实验结束，计算机自动计算每个参与人的收益，并在屏幕上显示出来。

5. 如果本期签订的是 3 期合同，那么在随后的 2 期实验中，雇员不需进行合同谈判，而是直接进入合同执行阶段，填写努力程度。雇员下期的实际努力水平可以与上期不同。

附录 A.2　雇佣保护实验说明（不可解雇）

你今天参加的是一个具有真实报酬的经济学实验，该实验得到了下列基金项目的支持：国家自然科学基金项目（70672029，主持人：李建标教授）、教育部人文社会科学重点研究基地项目（05JJD630023，主持人：邢晓林教授、李建标教授）、国家自然科学基金重点项目（70532001，主持人：李维安教授）、南开大学"985 工程"哲学社会科学创新基地——"中国企业管理与制度创新"研究项目。

你的报酬取决于你在实验中所做的决策。实验收益用 $G\$$（Game Dollar）计算，实验结束后，我们将根据你在实验中所获得的 $G\$$，按照一定比例给你兑付现金。请不要相互交流，以下是实验说明，如对实验说明有不理解的地方，请向实验主持人举手示意。

本实验共有 13 人参与，随机分为 2 组：F 组和 W 组，其中 F 组 3 人，代表企业身份；W 组 10 人，代表雇员身份。在每期实验中，每家企业最多可以雇用 3 个雇员，每个雇员只能受聘于一家企业。

企业的编码分别是 F1，F2，F3；雇员的编码分别是 1，2，…，10，在整个实验中，每位参与人的身份保持不变。

企业提供的雇佣合同有两种：1 期合同和 3 期合同。其中，1 期合同是指每期实验完成后，企业和雇员要重新进行合同谈判；3 期合同是指该合同一旦签订，则连续 3 期实验有效，在第 4 期再重新进行合同谈判。在每期合同中，雇员付出的努力程度用 e 表示，企业提供的工资用 w 表示，单位均为 $G\$$ 。企业的收益函数如下：

$$\pi_{Firm} = \begin{cases} 0，\text{如果没有雇用到雇员} \\ 10e_1 - w_1，\text{如果雇用 1 个雇员} \\ 10e_1 - w_1 + 10e_2 - w_2，\text{如果雇用 2 个雇员} \\ 10e_1 - w_1 + 10e_2 - w_2 + 10e_3 - w_3，\text{如果雇用 3 个雇员} \end{cases}$$

注意：企业可以为不同的雇员提供不同的工资，企业提供的工资范围是 $\{1, 2, \cdots, 100\}$ 。

雇员的收益函数如下：

$$\pi_w = \begin{cases} w - c(e)，\text{如果被雇佣} \\ 5，\text{如果未被雇佣} \end{cases}$$

$c(e)$ 表示雇员提供努力程度 e 时所付出的成本，雇员努力程度的范围是 $\{1, 2, \cdots, 10\}$ 。

表 A.2　　　　　　　　雇员努力程度——成本对照表

努力程度 e	1	2	3	4	5	6	7	8	9	10
努力成本 $c(e)$	0	1	2	4	6	8	10	12	15	18

如果企业和同一工人连续签订 2 期劳动合同，再签订劳动合同时，必须签订无限期劳动合同，且该无限期劳动合同不能被解除。

本实验共进行 20 期，每期持续 200 秒，单期实验结构如下：

1. 企业提出合同要求：每家企业只能提供两种合同类型——1 期合同和 3 期合同。企业在实验规定的范围内自主决定两种类型合同的工资报价和要求的努力程度。

企业工资报价和要求的努力程度填写完毕后，进入雇员选择阶段。

2. 合同的双向选择：雇员和企业通过双向选择确定合同。

（1）雇员选择合同

在企业工资报价和要求的努力程度填写完毕后，雇员根据企业提供的工资、要求努力程度和合同期限，自主选择企业和合同类型，每次只能选

择一家企业中的一种合同。雇员选择的合同，须得到企业确认后才能生效。在企业确认前，雇员可以更新合同选择，在程序上只保留最新合同。雇员在本期合同生效后，不能再进行合同选择。雇员接受的工资合同只有本人及与其签约的企业知道，其他企业和雇员都不知道。

（2）企业选择雇员

在企业工资报价和要求的努力程度填写完毕后，根据雇员的应聘信息自主决定雇用选择本企业合同的雇员，每家企业最多选择 3 个，也可以少选或不选。

3．合同执行：在合同签订后，进入执行阶段。雇员可以不受合同中努力程度要求的约束，按照自己的意愿，提供努力程度。企业知道雇员提供的真实努力程度，但企业只能按合同所规定的工资支付给雇员。

4．每期实验结束，计算机自动计算每个参与人的收益，并在屏幕上显示出来。

5．如果本期签订的是 3 期合同，那么在随后的 2 期实验中，雇员不需进行合同谈判，而是直接进入合同执行阶段，填写努力程度。雇员下期的实际努力水平可以与上期不同。

附录 A.3　雇佣保护实验说明（可解雇）

你今天参加的是一个具有真实报酬的经济学实验，该实验得到了下列基金项目的支持：国家自然科学基金项目（70672029，主持人：李建标教授）、教育部人文社会科学重点研究基地项目（05JJD630023，主持人：邢晓林教授、李建标教授）、国家自然科学基金重点项目（70532001，主持人：李维安教授）。

你的报酬取决于你在实验中所做的决策。实验收益用 G \$（Game Dollar）计算，在实验结束后，我们将根据你在实验中所获得的 G \$，按照一定比例给你兑付现金。请不要相互交流，以下是实验说明，如对实验说明有不理解的地方，请向实验主持人举手示意。

本实验共有 13 人参与，随机分为 2 组：F 组和 W 组，其中 F 组 3 人，代表企业身份；W 组 10 人，代表雇员身份。在每期实验中，每家企业最多可以雇用 3 个雇员，每个雇员只能受聘于一家企业。

企业的编码分别是 F1，F2，F3；雇员的编码分别是 1，2，…，10，在整个实验中，每位参与人的身份保持不变。

企业提供的雇佣合同有两种：1 期合同和 3 期合同。其中，1 期合同是指每期实验完成后，企业和雇员要重新进行合同谈判；3 期合同是指该合同一旦签订，则连续 3 期实验有效，在第 4 期再重新进行合同谈判。在每期合同中，雇员所付出的努力程度用 e 表示，企业提供的工资用 w 表示，单位均为 $G\$$。企业的收益函数如下：

$$\pi_{\text{Firm}} = \begin{cases} 0，如果没有雇佣到雇员 \\ 10e_1 - w_1，如果雇用 1 个雇员 \\ 10e_1 - w_1 + 10e_2 - w_2，如果雇用 2 个雇员 \\ 10e_1 - w_1 + 10e_2 - w_2 + 10e_3 - w_3，如果雇用 3 个雇员 \end{cases}$$

注意：企业可以为不同的雇员提供不同的工资，企业提供的工资范围是 $\{1, 2, \cdots, 100\}$。

雇员的收益函数如下：

$$\pi_w = \begin{cases} w - c(e)，如果被雇佣 \\ 5，如果未被雇佣 \end{cases}$$

$c(e)$ 表示雇员提供努力程度 e 时所付出的成本，雇员努力程度的范围是 $\{1, 2, \cdots, 10\}$。

表 A.3　　　　　　　　　　雇员努力程度——成本对照表

努力程度 e	1	2	3	4	5	6	7	8	9	10
努力成本 $c(e)$	0	1	2	4	6	8	10	12	15	18

如果企业和同一名工人连续签订 2 期劳动合同，再签订劳动合同时，必须签订长期劳动合同，但根据工人的表现，可以解除该长期劳动合同。在解除合同时，企业需要按照工人执行的连续期数，按照每连续执行 1 期合同，支付其解约期工资 10% 的比例进行补偿。

本实验共进行 20 期，每期持续 200 秒，单期实验结构如下：

1. 企业提出合同要求：每家企业只能提供两种合同类型——1 期合同和 3 期合同。企业在实验规定的范围内自主决定两种类型合同的工资报价和要求的努力程度。

在企业工资报价和要求的努力程度填写完毕后，进入雇员选择阶段。

2．合同的双向选择：雇员和企业通过双向选择确定合同。

（1）雇员选择合同

在企业工资报价和要求的努力程度填写完毕后，雇员根据企业提供的工资、要求努力程度和合同期限，自主选择企业和合同类型，每次只能选择一家企业中的一种合同。雇员选择的合同，须得到企业确认后才能生效。企业在确认前，雇员可以更新合同选择，在程序上只保留最新合同。雇员在本期合同生效后，不能再进行合同选择。雇员接受的工资合同只有本人及与其签约的企业知道，其他企业和雇员都不知道。

（2）企业选择雇员

企业在工资报价和要求的努力程度填写完毕后，根据雇员的应聘信息自主决定雇佣选择本企业合同的雇员，每家企业最多选择3个，也可以少选或不选。

3．合同执行：在合同签订后，进入执行阶段。雇员可以不受合同中努力程度要求的约束，按照自己的意愿，提供努力程度。企业知道雇员提供的真实努力程度，但企业只能按合同所规定的工资支付给雇员。

4．每期实验结束，计算机自动计算每个参与人的收益，并在屏幕上显示出来。

5．如果本期签订的是3期合同，那么在随后的2期实验中，雇员不需进行合同谈判，而是直接进入合同执行阶段，填写努力程度。雇员下期的实际努力水平可以与上期不同。

附录 B.1　最低工资实验说明（基础实验）

你参加的是一个具有真实现金报酬的经济学实验，你的报酬取决于你在实验中所做的决策和他人的决策。实验收益用 G $（Game Dollar）表示，在实验结束后，我们将根据你在实验中所获得的 G $，按照一定比例现场给你兑付现金。请不要相互交流，以下是实验说明，如对实验说明有不理解的地方，请向实验主持人举手示意。

本实验共有14人参与，随机分为2组：F组和W组，其中F组6人，代表企业身份；W组8人，代表雇员身份。在每期实验中，每家企业最多可以雇用1名雇员，也可以不雇用，每名雇员只能受聘于一家企业，也可以不受聘于任何企业。

企业的编码分别是 F1，F2，…，F6；雇员的编码分别是 1，2，…，8，在整个实验中，每位参与人的身份和编码保持不变。

在实验中，企业与雇员通过单向谈判建立劳动契约关系，在每期合同中，雇员付出的努力程度用 e 表示，企业提供的工资用 w 表示（企业提供的工资范围是 $\{1, 2, \cdots, 100\}$）。

企业的收益函数是：

$$\pi_{Firm} = \begin{cases} 0，如果没有雇用到雇员 \\ 10e - w，如果雇用一个雇员 \end{cases}$$

雇员的收益函数是：

$$\pi_w = \begin{cases} w - c(e)，如果被雇佣 \\ 5，如果未被雇佣 \end{cases}$$

$c(e)$ 表示雇员提供努力程度 e 时所付出的成本，雇员努力程度的范围是 $\{1, 2, \cdots, 10\}$。

表 B.1 雇员努力程度——成本对照表

努力程度 e	1	2	3	4	5	6	7	8	9	10
努力成本 $c(e)$	0	1	2	4	6	9	12	15	18	22

本实验共进行 10 期，每期持续 200 秒，单期实验结构如下：

1. 雇员填写保留工资

每期实验开始，雇员填写自己的保留工资，保留工资是雇员能够接受的最低工资，如果企业提供的工资低于雇员的保留工资，则该交易不能成交，即雇员只能接受高于保留工资的企业工资报价。

雇员的保留工资是私人信息，只有自己知道，企业和其他雇员都不知道。

2. 双向选择确定雇佣合同

企业将工资出价、期望的努力水平等信息发送给相关的雇员，企业可以向全部雇员发送该信息，也可以向特定的雇员发送该信息。企业可以更新发送的工资、努力水平等信息，但如果向同一对象发送信息，后一次发送的工资报价应高于前一次的工资报价，期望雇员的努力水平没有限制。

雇员接收到企业的工资、期望的努力水平等信息后，决定是否选择与该企业达成雇佣合同。每个雇员只能选择一家企业，雇员与 1 家企业成交后，不能再进行选择。

雇员接受的工资合同只有本人及与其签约的企业知道，其他企业和雇员都不知道。

3. 合同执行：在合同签订后，进入执行阶段。雇员可以不受合同中企业期望的努力程度的约束，而是按照自己的意愿，提供努力程度。企业知道雇员提供的真实努力程度，但企业必须按合同规定的工资支付给雇员。

4. 每期实验结束，计算机自动计算每个参与人的收益，并在屏幕上显示出来（只显示本人的收益信息）。

附录 B.2　最低工资实验说明(最低工资实验)

你参加的是一个具有真实现金报酬的经济学实验，你的报酬取决于你在实验中所做的决策和他人的决策。实验收益用 $G\$$（Game Dollar）表示，实验结束后，我们将根据你在实验中所获得的 $G\$$，按照一定比例现场给你兑付现金。请不要相互交流，以下是实验说明，如对实验说明有不理解的地方，请向实验主持人举手示意。

本实验共有 14 人参与，随机分为 2 组：F 组和 W 组，其中 F 组 6 人，代表企业身份；W 组 8 人，代表雇员身份。在每期实验中，每家企业最多可以雇用 1 名雇员，也可以不雇用，每名雇员只能受聘于一家企业，也可以不受聘于任何企业。

企业的编码分别是 F1，F2，…，F6；雇员的编码分别是 1，2，…，8，在整个实验中，每位参与人的身份和编码保持不变。

在实验中，企业与雇员通过单向谈判建立劳动契约关系，在每期合同中，雇员付出的努力程度用 e 表示，企业提供的工资用 w 表示（企业提供的工资范围是 $\{1, 2, \cdots, 100\}$）。

企业的收益函数是：

$$\pi_{\text{Firm}} = \begin{cases} 0, & \text{如果没有雇用到雇员} \\ 10e - w, & \text{如果雇用一个雇员} \end{cases}$$

雇员的收益函数是：

$$\pi_w = \begin{cases} w - c(e), & \text{如果被雇佣} \\ 5, & \text{如果未被雇佣} \end{cases}$$

$c(e)$ 表示雇员提供努力程度 e 时所付出的成本，雇员努力程度的范围是 $\{1, 2, \cdots, 10\}$。

表 B.2　　　　　　　　雇员努力程度——成本对照表

努力程度 e	1	2	3	4	5	6	7	8	9	10
努力成本 $c(e)$	0	1	2	4	6	9	12	15	18	22

雇主工资出价不能低于 $50G\$$。

本实验共进行 10 期，每期持续 200 秒，单期实验结构如下：

1. 雇员填写保留工资

每期实验开始，雇员填写自己的保留工资，保留工资是雇员能够接受的最低工资，如果企业提供的工资低于雇员的保留工资，则该交易不能成交，即雇员只能接受高于保留工资的企业工资报价。

雇员的保留工资是私人信息，只有自己知道，企业和其他雇员都不知道。

2. 双向选择确定雇佣合同

企业将工资出价、期望的努力水平等信息发送给相关的雇员，企业可以向全部雇员发送该信息，也可以向特定的雇员发送该信息。企业可以更新发送的工资、努力水平等信息，但如果向同一对象发送信息，后一次发送的工资报价应高于前一次的工资报价，期望雇员的努力水平没有限制。

雇员接收到企业的工资、期望的努力水平等信息后，决定是否选择与该企业达成雇佣合同。每个雇员只能选择一家企业，雇员与一家企业成交后，不能再进行选择。

雇员接受的工资合同只有本人及与其签约的企业知道，其他企业和雇员都不知道。

3. 合同执行：在合同签订后，进入执行阶段。雇员可以不受合同中企业期望的努力程度的约束，而是按照自己的意愿，提供努力程度。企业知道雇员提供的真实努力程度，但企业必须按合同所规定的工资支付给雇员。

4. 每期实验结束，计算机自动计算每个参与人的收益，并在屏幕上显示出来（只显示本人的收益信息）。

附录 C　Z-tree 简介

现代计算机技术和网络技术极大地促进了经济学实验的发展。通过计算机网络构建实验环境，可以实现实验的标准化，提高可控程度，提高实验的可重复性；计算机网络可以更好地实现被试之间的信息控制，可以更有效地实施涉及被试之间交互作用或者隐私的实验；计算机网络使得实验数据的记录和传递效率更高，研究人员可以获得更多的数据。

Z-Tree 软件系统是目前使用最为广泛的实验室专用软件。Z-Tree 是瑞士苏黎世大学菲斯巴切尔（Fischbacher）开发的经济学实验专用软件系统。该系统可以实现和运行大多数经济学实验，譬如公共产品实验、博弈实验、金融市场实验、拍卖市场、比较制度实验、市场实验等。

Z-Tree 软件系统提供了比较完整的实验程序模板，使得编程工作相对比较简单，可以迅速编制实验程序。例如，有经验的编程人员可以在 1 个小时内完成一个公共产品博弈实验。

Z-Tree 系统主要包括两部分：Z-Tree 和 Z-leaf。Z-Tree 是实验者使用的程序，Z-leaf 是被试者使用的程序。实验者操作的计算机为服务器，被试操作的计算机为客户端，所有的数据会即时传递到服务器保存。

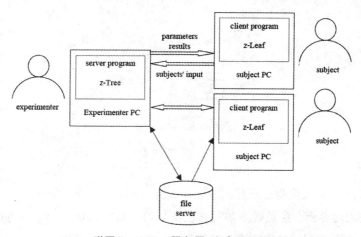

附图 1　Z-Tree 服务器/客户端结构

附图 2　Z-Tree 开始界面

附录 D　雇佣保护实验程序说明

1. 开始界面

实验程序准备就绪，被试者等待实验开始。

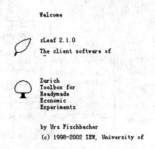

2. 雇员输入保留工资界面

进入此界面，雇员被试填写自己的保留工资，保留工资是其可以接受的最低工资水平，在随后的工资谈判中，雇员被试不可以接受低于保留工资的工资要约。

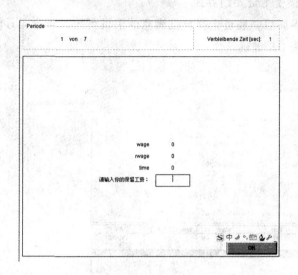

3. 雇主输入工资要约界面：

进入此界面后，雇主被试填写期望的工资契约，包括工资水平和努力水平。雇主可以定向提出工资要约，也可以面向所有雇员提出要约。

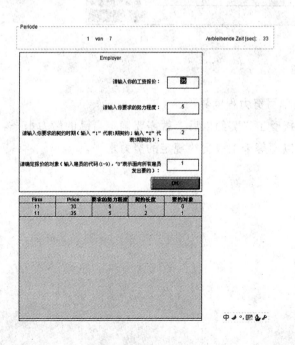

4. 雇员接受工资要约界面

进入此界面后，雇员选择自己满意的工资契约，每个人只能选择一个工资契约，按 OK 键确认。

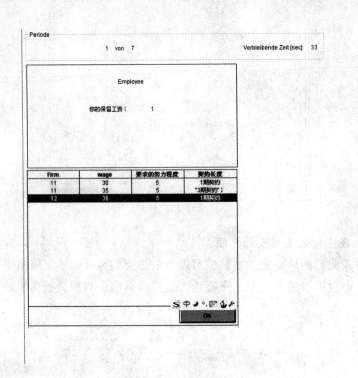

5. 雇员填写努力程度界面：

雇员在接受工资契约以后，就需要确定自己的努力水平。雇员的实际努力水平可以不等于工资契约规定的努力水平。

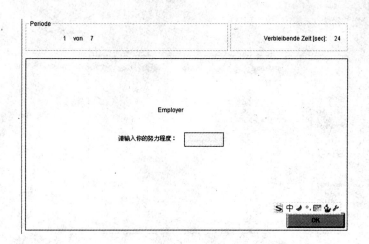

6. 雇员收益显示界面

雇员选择努力水平以后，该期劳动契约完成，系统显示雇员在本期的实际收益，并同时显示劳动契约信息（契约工资、契约努力水平、实际努力水平）。

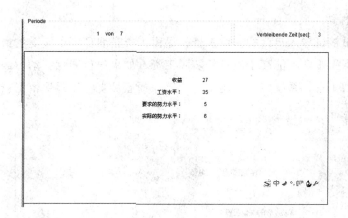

7. 雇主收益显示界面：

雇主收益信息，显示该雇主雇用的每个雇员的契约信息（契约工资、契约努力水平、实际努力水平）以及每个雇员贡献的收益和剩余契约长度。

Periode		
1 von 7		ibende Zeit [sec]: 15

你本期的收益：	85		
雇员编号	1	2	3
要求的努力水平	5	5	5
实际的努力水平	6	6	6
获得的收益：	25	30	30
剩余契约长度：	2	0	0

附录 E　最低工资实验程序说明

1. 保留工资

雇员被试输入自己的保留工资，保留工资是雇员可以接受的最低心理工资。保留工资不能高于雇员的实际工资，如果雇员同意劳动契约的工资低于保留工资，系统将会限制交易，以保证雇员真实填写保留工资。

你的身份是：　雇员

请输入你的保留工资：

OK

2. 工资契约谈判（企业界面）

　　企业与雇员通过双向拍卖方式进行契约谈判，雇主提出契约要约，雇员选择是否接受。雇主的劳动契约包括工资和努力水平两个变量，雇主可以向特定潜在雇员提出要约，也可以面向所有潜在雇员提出要约。

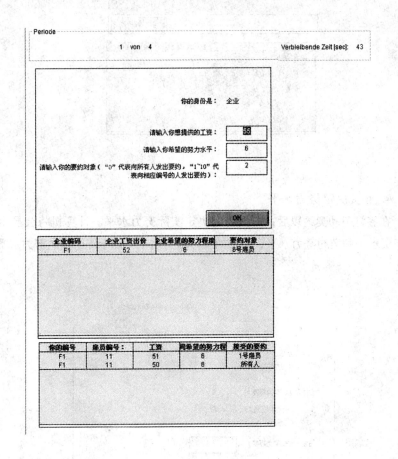

3. 工资契约谈判（工人界面）

　　在此界面可以看见雇主提出的契约，雇员可选择自己满意的契约。雇员选中的契约将会显示在屏幕上。

4. 雇员决定努力水平

在签订劳动契约以后，雇员需要决定实际努力水平。计算机将会显示契约工资水平和契约努力水平，雇员的实际努力水平可以不等于契约努力水平。

5. 显示收益信息（工人）

在契约执行完毕以后，系统显示双方的收益信息以及契约信息。

```
┌ Periode ───────────────────────────────────────────────
│                 1   von   4        Verbleibende Zeit [sec]:   6
└─────────────────────────────────────────────────────────

┌─────────────────────────────────────────────────────────┐
│                                                           │
│           雇用你的企业：    F1                             │
│                                                           │
│           你本期的收益：     41                            │
│                                                           │
│                                                           │
│           你的保留工资：     11                            │
│                                                           │
│              工资水平：      50                            │
│                                                           │
│         企业希望的努力程度：   6                           │
│                                                           │
│         雇员实际的努力程度：   6                           │
│                                                           │
│                                                           │
│                                             ┌─────────┐   │
│                                             │   OK    │   │
│                                             └─────────┘   │
└─────────────────────────────────────────────────────────┘
```

6. 显示收益信息（企业）

在契约执行完毕以后，系统显示双方的收益信息以及契约信息。

```
┌ Periode ───────────────────────────────────────────────┐
│                 1   von   4              Verbleibende Zeit [sec]:   3
└─────────────────────────────────────────────────────────

┌─────────────────────────────────────────────────────────┐
│             你本期的收益：          19                    │
│                                                           │
│  雇员编号         1          2          0                 │
│                                                           │
│  企业提供的工资   51         50         0                 │
│                                                           │
│  企业希望的努力程度  6        6          0                │
│                                                           │
│  雇员实际的努力程度  6        6          0                │
│                                                           │
│  获得的收益       9          10         0                 │
│                                             ┌─────────┐   │
│                                             │   OK    │   │
│                                             └─────────┘   │
└─────────────────────────────────────────────────────────┘
```

参考文献

程新生:《公司治理、内部控制、组织结构互动关系研究》,《会计研究》
　　2004 年第 4 期。

程新生、宋文洋、游晓颖等:《信用风险管理:从内部绩效评价到客户公
　　司治理风险评价——基于 LS 公司信用风险管理系统的案例研究》,《会
　　计研究》2010 年第 12 期。

丁守海:《最低工资管制的就业效应分析》,《中国社会科学》2010 年第
　　1 期。

龚强:《最低工资制度在完全与不完全市场中的影响:一个理论分析框
　　架》,《南开经济研究》2010 年第 1 期。

李建标、于娟、王光荣等:《产品差异度与厂商共谋行为——模型与实验
　　证据》,《南开经济研究》2008 年第 3 期。

李建标、王光荣、李晓义等:《实验市场中的股权结构、信息与控制权收
　　益》,《南开管理评论》2008 年第 1 期。

李建标、王光荣、巨龙等:《产品差异度与双寡头厂商行为的实验分析》,
　　《产业经济评论》2008 年第 4 期。

李晓义、李建标:《不完备市场的多层次治理——基于比较制度实验的研
　　究》,《经济学季刊》2009 年第 8 期。

李维安、李建标:《股权、董事会治理与中国上市公司的企业信用》,《管
　　理世界》2003 年第 9 期。

李维安、张国萍:《经理层治理评价指数与相关绩效的实证研究》,《经济
　　研究》2005 年第 11 期。

林润辉、范建红、赵阳等:《公司治理环境、治理行为与治理绩效的关系
　　研究——基于中国电信产业演进的证据》,《南开管理评论》2010 年第
　　6 期。

林润辉、范建红、黄传峰：《临时型知识团队合作治理中社会约束影响的实验研究》，《南开管理评论》2009 年第 5 期。

卢周来：《企业雇佣契约的性质研究》，《经济社会体制比较》2007 年第 4 期。

马连福、高丽、张春庆：《基于投资者关系管理的公司营销价值效应研究》，《管理科学》2010 年第 23 期。

唐跃军、赵武阳：《二元劳工市场、解雇保护与劳动合同法》，《南开经济研究》2009 年第 1 期。

武立东：《上市公司控股股东行为效应评价与指数分析》，《管理科学》2006 年第 19 期。

薛有志：《产品多元化、国际化与公司绩效——来自中国制造业上市公司的经验证据》，《南开管理评论》2007 年第 3 期。

薛有志：《面向国际竞争的中国企业兼并取向》，《南开管理评论》1999 年第 5 期。

周建、刘小元、于伟：《公司治理机制互动的实证研究》，《管理科学》2008 年第 21 期。

周建、方刚、刘小元：《制度环境、公司治理对企业竞争优势的影响研究——基于中国上市公司的经验证据》，《南开管理评论》2009 年第 5 期。

周其仁：《市场里的企业：一个人力资本与非人力资本的特别合约》，《经济研究》1996 年第 6 期。

Abowd, John M., Kramarz Francis, Margolis, David, N. et al. "The Tail of Two Countries: Minimum Wages and Employment in France and the United States." IZA Discussion Papers, No. 203, 2000.

Acemoglu Daron, Jörn-Steffen Pischke. "The Structure of Wages and Investment in General Training." *Journal of Political Economy*, 1999, 107 (3): 539-572.

Acemoglu Daron, Jörn-Steffen Pischke. "Minimum Wages and On-the-job Training." IZA Discussion Papers, No. 384, 2001.

Agell, J., Lundborg, P. Theories of Pay and Unemployment: Survey Evidence from Swedish Manufacturing Firms. *Scandinavian Journal of Economics*, 1995, 97 (2): 295-307.

Agell, J., Lundborg, P. "Survey Evidence on Wage Rigidity and Unemployment. " *Scandinavian Journal of Economics*, 2003, 105 (1): 15-30.

Akerlof George. "Labor Contracts as Partial Gift Exchange. " *Quarterly Journal of Economics*, 1982, 97 (4): 543-569.

Akerlof George, Yellen Janet. "The Fair Wage-Effort Hypothesis and Unemployment. " *Quarterly Journal of Economics*, 1990, 105 (2): 255-283.

Alchian Armen, Demsetz Harold. "Production, Information Costs and Economic Organization. " *American Economic Review*, 1972, 62 (50): 777-795.

Al-Ubaydli, O. , Andersen, S. , Gneezy, U. et al. "For Love or Money? Testing Non-Precuniary and Pecuniary Incentive Schemes in a Field Experiment. " Working Paper: University of Chicago, 2006.

Alvarez, F. , Veracierto, M. "Search, Self-Insurance and Job-Security Provisions. " Federal Reserve Bank of Chicago, WP, 1998-2.

Anderhub Vital, Gächter Simon, Königstein Manfred. "Efficient Contracting and Fair Play in a Simple Principal-Agent Experiment. " *Experimental Economics*, 2002, 5 (1): 5-27.

Arrow, Kenneth J. , Debreu Gerard. "Existence of Equilibrium for a Competitive Economy. " *Econometrica*, 1954, 22 (3): 265-290.

Audas Rick, Tim Barmby, John G. Treble. "Luck, Effort, and Reward in an Organizational Hierachy." *Journal of Labor Economics*, 2004, 22 (2): 379-395.

Autor, David H. , Kerr, William R. , Kugler, Adriana D. "Do Employment Protections Reduce Productivity? Evidence from US States. " *The Economic Journal*, 2007, 117: 189-217.

Bewley, T. E. *Why Wages Don't Fall During a Recession*. Cambridge: Harvard University Press, 1999.

Bewley T. F. "A Depressed Labor Market as Explained by Participants. " *American Economic Review*, 1995, 85 (2): 250-254.

Blinder, Alan S. , Choi, Don H. "A Shred of Evidence on Theories of Wage Stickiness. " *Quarterly Journal of Economics*, 1990, 105 (4): 1003-1015.

Booth Alison, Marco Francesconi, Jeff Frank. "Temporary Jobs: Stepping Stones or Dead Ends?" *The Economic Journal*, 2002, 112: 189-213.

Booth, Alison L. , Zoega Gylfi. "Do Quits Cause Under-Training?" Oxford Economic Papers, 1999, 51 (2): 374-386.

Bolton, Gary E. , Katok Elena. "An Experimental Test of the Crowding Out Hypothesis: The Nature of Beneficent Behavior." *Journal of Economic Behavior & Organization*, 1998, 37 (3): 315-331.

Bolton, Gary E. , Ockenfels Axel. "A Theory of Equity, Reciprocity and Competition." *American Economic Review*, 2000, 90 (1): 166-193.

Bowles Samuel. *Microeconomics: Behavior, Institutions and Evolution.* Princeton: Princeton University Press, 2004.

Bowles Samuel. "The Production Process in a Competitive Economy: Walrasian, Neohobbesian, and Marxian Models." *Journal of Economic Literature*, 1985, 75 (1): 16-36.

Brandts, Charness. "Do Labour Market Conditions Affect Gift Exchange? Some Experimental Evidence." *Economic Journal*, 2004, 114 (497): 684-708.

Brian A. Jacob. "The Effect of Employment Protection on Worker Effort: Evidence from Public Schooling." National Bureau of Economic Research, Working Paper, No. 15655, 2010.

Brown Martin, Armin Falk, Ernst Fehr. "Competition and Relational Contracts: The Role of Unemployment as a Disciplinary Device." IZA Discussion Paper, No. 3345, 2008.

Brown Martin, Zehnder, C. "Credit Reporting, Relationship Banking, and Loan Repayment." *Journal of Money, Credit, and Banking*, 2007, 39 (8): 1883-1918.

Brown Martin, Armin Falk, Ernst Fehr. "Relational Contracts and the Nature of Market Interactions." *Econometrica*, 2004, 72 (3): 747-780.

Burda, M. "A Note on Firing Costs and Sevenrance Benefits in Equilibrium Unemployment." *Scandinavian Journal of Economics*, 1992, 94 (3): 479-489.

Bull Clive. "The Existence of Self - enforcing Implicit Contracts." Quarterly Journal of. Economics, 1987, 102 (1): 47-159.

Camerer Colin. *Behavioral Game Theory: Experiments in Strategic Interaction.* Princeton: Princeton University Press, 2003.

Camerer Colin, Ernst Fehr. "When Does 'Economic Man' Dominate Social

Behavior?" *Science*, 2006, 311 (6): 47-52.

Camerer Colin. "Progress in Behavioral Game Theory." *Journal of Economic Perspectives*, 1997, 11 (4): 167-88.

Card David, Krueger Alan. "Minimum Wages and Employment: A Case Study of the Fast-Food Industry in New Jersey and Pennsylvania." *American Economic Review*, 1994, 84 (4): 772-793.

Card David, Krueger Alan. *Myth and Measurement, The New Economics of the Minimum Wage*. Princeton: Princeton University Press, New Jersey, 1995.

Card David, Krueger Alan. "A Case Study of the Fast Food Industry in New Jersey and Pennsylvania—Reply." *American Economic Review*, 2000, 90 (5): 1397-1420.

Card David. "Do Minimum Wages Reduce Employment? A Case Study of California." *Industrial and Labor Relations Review*, 1992, 46 (1): 38-54.

Card David, Lemieux Thomas, Riddell W. Craig. "Unions and Wage Inequality." *Journal of Labor Research*, 2004, 25 (4): 519-562.

Card David. "Immigrant Inflows, Native Outflows, and the Local Labor Market Impacts of Higher Immigration." *Journal of Labor Economics*, 2001a, 19 (1): 22-64.

Card David. "The Effect of Unions on Wage Inequality in the U. S. Labor Market." *Industrial and Labor Relations Review*, 2001b, 54 (2): 296-315.

Cardenas Juan Camilo, John K. Stranlund. "Local Environmental Control and Institutional Crowding-out." *World Developing*, 2000, 28 (10): 1719-1733.

Chang Chun, Yijiang Wang. "Human Capital Investment under Asymmetric Information: The Pigovian Conjecture Revisited." *Journal of Labor Economics*, 1996, 14 (3): 505-519.

Charness Gary. "Attribution and Reciprocity in an Experimental Labor Market." *Journal of Labor Economics*, 2004, 22 (3): 665-688.

Charness Gary, Frechette, Guillaume R. , Kagel, John H. "How Robust is Laboratory Gift Exchange?" *Experimental Economics*, 2004, 7 (2): 189-205.

Coase, R. H. "The Nature of the Firm. " *Economica*, New Series, 1937, 4 (16): 386-405.

Coase, R. H. "The Problems of Social Cost. " *Journal of Law and Economics*, 1960, 3 (1): 1-44.

Daron Acemoglu, Joshua D. Angrist. "Consequences of Employment Protection? The Case of the Americans with Disabilities Act. " *The Journal of Political Economy*, 2001, 109 (5): 915-957.

Dolado, J. , Kramarz, F. , Machin, S. et al. "The Economic Impact of Minimum Wages in Europe. " *Economic Policy*, 1996, 11 (23): 317-372.

David Neumark, Mark Schweitzer, William Wascher. "Minimum Wage Effects throughout the Wage Distribution. " *The Journal of Human Resources*, 2004, 39 (2): 425-450.

David Neumark, William Wascher. "Minimum Wages and Employment: A Review of Evidence from the New Minimum Wage Research. " NBER Working Paper, No. 12663 , 2006.

David Neumark, William Wascher. "Minimum Wages, Labor Market Institutions, and Youth Employment: A Cross-national Analysis. " *Industrial and Labor Relations Review*, 2004, 57 (2): 223-248.

Davis, D. , Holt, C. *Experimental Economics*. Princeton: Princeton University Press, 1993.

Dijk, Frans van, Joep Sonnemans, et al. "Incentive Systems in a Real Effort. Experiment. " *European Economic Review*, 2001, 45 (2): 187-214.

Dickens Richard, Machin Stephen, Manning Alan. "The Effects of Minimum Wages on Employment: Theory and Evidence from Britain. " *Journal of Labor Economics*, 1999, 17 (1): 1-22.

DiNardo John, Nicole Fortin, Thomas Lemieux. "Labor Market Institutions and the Distribution of Wages: A Semi-Parametric Approach. " *Econometrica*, 1996, 64 (5): 1001-1044.

Dufwenberg, M. , Kirchsteiger, G. "A Theory of Sequential Reciprocity. " *Games and Economic Behavior*, 2004, 47: 268-298.

Edin Per-Anders, Bertil Holmlund. "The Swedish Wage Structure: The Rise and Fall of Solidarity Wage Policy?" In: Richard B. Freeman, Lawrence F.

Katz, eds. *Differences and Changes in Wage Structures.* Chicago: University of Chicago Press, 1995, 307-343.

Erickson Chris, Andrea Ichino. "Wage Differentials in Italy: Market Forces, Institutions, and Inflation." In: Richard B. Freeman, Lawrence F. Katz, eds. *Differences and Changes in Wage Structures.* Chicago: University of Chicago Press, 1995, 265-305.

Falk, A., Fischbacher, U. "A Theory of Reciprocity." *Games and Economic Behavior*, 2006, 54 (2): 293-315.

Falk, A., Gaechter, S. "Reputation and Reciprocity—Consequences for the Labour Relation." *Scandinavian Journal of Economics*, 2002, 104 (1): 1-26.

Falk, A., Fehr, E., Fischbacher, U. "On the Nature of Fair Behavior." *Economic Inquiry*, 2003, 41 (1): 20-26.

Falk, A., Huffman, D., MacLeod, B. "Institutions and Contract Enforcement." IZA Discussion Papers, No. 3435, 2008.

Falk, A., Huffman, D. "Studying Labor Market Institutions in the Lab: Minimum Wages, Employment and Workfare." *Journal of Institutional and Theoretical Economics*, 2007, 163 (1): 30-45.

Fehr, E., Falk, A. "Wage Rigidity in a Competitive Incomplete Contract Market." *The Journal of Political Economy*, 1999, 107 (1): 106-134.

Fehr, E., Fischbacher, U. "Why Social Preferences Matter—The Impact of Non-selfish Motives on Competition, Cooperation and Incentives." *The Economic Journal*, 2002, 112 (3): C1-C33.

Fehr, E., Gächter S. "Fairness and Retaliation: The Economics of Reciprocity." *Journal of Economic Perspectives*, 2000, 14 (3): 159-181.

Fehr, E., Georg, K., and Riedl, A. "Does Fairness Prevent Market Clearing? An Experimental Investigation." *Quarterly Journal of Economics*, 1993, 108 (2): 437-460.

Fehr, E., Schmidt, K. "A Theory of Fairness, Competition and Cooperation." *Quarterly Journal of Economics*, 1999, 114 (3): 817-868.

Fehr, E., Schmidt, K. "Fairness and Incentive in a Multi-task Principal-Agent Model." *Scandinavian Journal of Economics*, 2004, 106 (3):

453-474.

Fehr, E. , Naef, M. , Schmidt, K. "Inequality Aversion, Efficiency, and Maximin Preferences in Simple Distribution Experiments: Comment." *American Economic Review*, 2006, 96 (5): 1912-1917.

Fehr, E. , Bernhard, H. , Fischbacher, U. "Group Affiliation and Altruistic Norm Enforcement." *American Economic Review*, 2006, 96 (2): 217-221.

Fehr, E. , Kirchler, E. , Weichbold, A. , et al. "When Social Norms Overpower Competition: Gift Exchange in Experimental Labor Markets." *Journal of Labor Economics*, 1998, 16 (2): 324-351.

Fehr, E. , Klein, A. , and Schmidt, K. "Fairness and Contract Design." *Econometrica*, 2007, 75 (1): 121-154.

Fehr, E. , Brown, M. , Zenhnder, C. "On Reputation—A Microfoundation of Contract Enforcement and Price Rigidity." *Economic Journal*, 2009, 119 (536): 333-353.

Fehr, E. , Falk, A. , Zenhnder, C. "Fairness Perceptions and Reservation Wages—The Behavioral Impact of Minimum Wage Laws." *Quarterly Journal of Economics*, 2006, 121 (4): 1347-1381.

Fehr, E. , Gächter, S. "Reciprocity and Economics: The Economic Implications of Homo Reciprocans." *European Economic Review*, 1998, 42 (3 – 5): 845-859.

Fischbacher, U. "Z-tree: Zurich Toolbox for Ready-made Economic Experiments." *Experimental Economics*, 2007, 10 (2): 171-178.

Freeman Richard, Lazear Edward. "An Economic Analysis of Works Councils." In: Joel Rogers, Wolfgang Streeck, eds. *Works Councils: Consultation, Representation, Cooperation*. Chicago, IL: University of Chicago Press for NBER. 1995, 27-50.

Freeman Richard. "Labor Market Institutions and Policies: Help or Hindrance to Economic Development?" Proceedings of the World Bank Annual Conference on Development Economics 1992. Washington, DC: The World Bank, 1993.

Freeman Richard. "Labor Markets and Institutions in Economic Development."

American Economic Review, 1993, 83 (2): 403-408.

Freeman Richard. "Labor Market Institutions Around the World." CEP Discussion Papers, dp0844, Centre for Economic Performance, LSE, 2008.

Freeman Richard. "Longitudinal Analyses of the Effects of Trade Unions." *Journal of Labor Economics*, 1984, 2 (1): 1-26.

Freeman Richard. "The Minimum Wage as a Redistributive Tool." *The Economic Journal*, 1996, 106 (436): 639-649.

Fudenberg, D., Maskin, E. "The Folk Theorem in Repeated Games With Discounting or With Incomplete Information." *Econometrica*, 1986, 54 (3): 533-556.

Gächter Simon, Falk Armin. "Work Motivation, Institution, and Performance." IEER Working Paper, No. 62, 2006.

Gächter, Simon, Fehr, Ernst. "Collective Action as Social Exchange." *Journal of Economic Behavior & Organization*, 1999, 39 (4): 341-369.

Garth Heutel. Crowding Out and Crowding in of Private Donations and Government Grants. NBER Working Paper, No. 15004, 2009.

George J. Stigler. "The Economics of Minimum Wage Legislation." *American Economic Review*, 1946, 36 (3): 358-365.

Gneezy Uri, Aldo Rustichini. "A Fine is a Price." *Journal of Legal Studies*, 2000, 29 (1): 1-17.

Gneezy Uri, List John. "Putting Behavioral Economics to Work: Field Evidence of Gift Exchange." *Econometrica*, 2006, 74 (5): 1365-1384.

Green Colin, Gareth Leeves. "Casual Employment and Internal Labour Markets." *Manchester School*, 2004, 72 (5): 658-676.

Grossberg, Adam J., Paul Sicilian. "Minimum Wages, On-the-job Training and Wage Growth." *Southern Economic Journal*, 1999, 65 (3): 539-55.

Grossman Sanford, Hart Oliver. "An Analysis of the Principal—Agent Problem." *Econometrica, Econometric Society*, 1983, 51 (1): 7-45.

Grossman Sanford, Hart Oliver. "The Costs and Benefits of Owenship: A Theory of Vertical and Lateral Intergration." *Journal of Political Economy*, 1986, 94 (1): 691-719.

Güth, W., Klose, W., Königstein, M., et al. "An Experimental Study of a Dynamic Principal-Agent Relationship. " *Managerial and Decision Economics*, 1998, 19 (4): 327-341.

Hashimoto, M. "Minimum Wage Effects on Training on the Job. " *American Economic Review*, 1982, 72 (5): 1070-1087.

Hannan, L. , Kagel, J. , Moser, D. "Partial Gift Exchange in an Experimental Labor Market: Impact of Subject Population Differences, Productivity Differences and Effort Requests on Behavior. " *Journal of Labor Economics*, 2002, 20: 923-951.

Hart Oliver, Moore John. "Property Rights and the Nature of the Firm. " *Journal of Political Economy*, 1990, 98 (6): 1119-1158.

Hart Oliver and John Moore. "Incomplete Contracts and Renegotiation. " *Econometrica* 1988, 56: 755-786.

Hart Oliver and John Moore. "A Theory of Debt Based on the Inalienability of Human Capital. " *Quarterly Journal of Economics*, 1994, 109 : 841-879.

Hart, Oliver and John Moore. "Default and Renegotiation: A Dynamic Model of Debt. " *Quarterly Journal of Economics*, 1998, 113: 1-41.

Hart, Oliver and John Moore. "Foundations of Incomplete Contracts. " *Review of Economic Studies*, 1999, 66: 115-138.

Hart Oliver and A. Shleifer and R. Vishny. "Proper Scope of Government : Theory and an Application to Prisons. " *Quarterly Journal of Economics* 1997, 112 : 1127-1161.

Hopenhayn, H. , Rogerson, R. "Job Turnover and Policy Evaluation: A General Equilibrium Analysis. " *Journal of Political Economy*, 1993, 101 (5): 915-938.

Holmström Bengt. "Moral Hazard in Teams. " *The Bell Journal of Economics*, 1982, 13 (2): 324 – 340.

Holmström Bengt. "Moral Hazard and Observability. " *The Bell Journal of Economics*, 1979, 10 (1): 74-91.

Hurwicz Leonid. "Optimality and Informational Efficiency in Resource Allocation Processes. " In: K. J. Arrow, S. Karlin, P. Suppes, eds. *Mathematical Methods in the Social Sciences*. Stanford, CA: Stanford University Press, 1960, 7-46.

Hurwicz Leonid. "On Informationally Decentralized Systems." In: C. B. McGuire, R. Radner, eds. *Decision and Organization*. Amsterdam: North – Holland, 1972, 297-336.

Hurwicz Leonid. "The Design of Mechanisms for Resource Allocation." *American Economic Review*, 1973, 63 (2): 1-30.

Hurwicz Leonid, Thomas Marschak. "Comparing Finite Mechanisms." *Economic Theory*, 2003, 21 (4): 783-841.

Hurwicz Leonid. "Economic Design, Adjustment Processes, Mechanisms, and Institutions." *Review of Economic Design*, 1994, 1 (1): 1-14.

Ichino, Andrea, Regina Riphahn. "Absenteeism and Employment Protection: Three Case Studies." *Swedish Economic Policy Review*, 2004, 11 (1): 95-114.

Ichino, Andrea, Regina Riphahn. "The Effect of Employment Protection on Worker Effort: A Comparison of Worker Absenteeism During and After Probation." *Journal of European Economic Association*, 2005, 3: 120-143.

John T. Addison, Paulino Teixeira, Jean-Luc Grosso. "The Effect of Dismissals Protection on Employment: More on a Vexed Theme." *Southern Economic Journal*, 2000, 67 (1): 105-122.

Joanna Lahey. "State Age Protection Laws and the Age Discrimination in Employment Act." *Journal of Law and Economics*, 2008, 51 (3): 433-460.

Kahneman, Daniel, Jack L. Knetsch, and Richard Thaler. "Fairness as a Constraint on Profit Seeking: Entitlements in the Market." *American Economic Review*, 1986, 76 (4): 728-741.

Kahn Lawrence. "Wage Inequality, Collective Bargaining, and Relative Employment from 1985 to 1994: Evidence from Fifteen OECD Countries." *Review of Economics and Statistics*, 2000, 82 (4): 564-579.

Kahn, Lawrence M. "The Impact of Employment Protection Mandates on Demographic Temporary Employment Patterns: International Microeconomic Evidence." *Economic Journal*, 2007, 117 (521): 333-356.

Katz, L., Krueger, A. "The Effects of the New Minimum Wage in a Low-Wage Labor Market." Proceedings of the Forty-Third Annual Meetings. Masison, Wis.: Industrial Realtions Research Association, 1991, 254-265.

Katz, L. , Krueger, A. "The Effect of the Minimum Wage on the Fast Food Industry. " *Industrial and Labor Relations Review*, 1992, 46 (1): 6-21.

Keser, C. , M. Willinger. "Principal-agent Relations With Hidden Actions: An Experimental Investigation. " *International Journal of Industrial Organization*, 2000, 18: 163-185.

Klein, B. , Leffler, K. "The Role of Market Forces in Assuring Contractual Performance. " *Journal of Political Economy*. 1981, 89 (4): 615-641.

Koeniger Winfried, Prat Julien. "Employment Protection, Product Market Regulation and Firm Selection. " *Economic Journal*, 2007, 117: 302-332.

Kosail Ilayperuma Simon, Robe-Kaestner. "Do Minimum Wages Affect Non-Wage Job Attributes? Evidence on Fringe Benefit. " *Industrial and Labor Relations Review*, 2004 , 58 (1): 52-55.

Kreps, D. M. , Milgrom, P. , Roberts, J. , et al. "Rational Cooperation in the Finitely Repeated Prisoners' Dilemma. " *Journal of Economic Theory*, 1982, 27: 245-252.

Krueger, A. B. , Mas, A. "Strikes, Scabs, and Tread Separations: Labor Strife and the Production of Defective Bridgestone/Firestone Tires. " *Journal of Political Economy*, 2004, 112: 253-89.

Kube, S. , Maréchal, M. A. , Puppe, C. "Putting Reciprocity to Work – Positive versus Negative Responses in the Field, " University of St. Gallen Department of Economics working paper series, 2006.

Lazear, Edward P. "Job Security Provisions and Employment. " *Quarterly Journal of Economics*, 1990, 105: 699-726.

Levin, J. "Relational Incentive Contacts. " *American Economic Review*, 2003, 93 (3): 835-857.

Leighton, L. , Mincer, J. "The Effects of Minimum Wages on Human Capital Formation. " In: S. Rottenberg, ed. *The Economics of Legal Minimum Wages*. Washington DC: American Enterprise Institute, 1981, 155-173.

Leif Danziger. "Noncompliance and the Effects of the Minimum Wage on Hours and Welfare in Competitive Labor Markets. " CESIFO working paper, NO. 2786, 2009.

List, J. A. "The Behavioralist Meets the Market: Measuring Social Preferences and Reputation Effects in Actual Transactions. " *Journal of Political Economy* 2006, 114: 1-37.

Loewenstein, George E. , Leigh Thompson, Max H. Bazerman. "Social Utility and Decision Making in Interpersonal Contexts. " *Journal of Personality and Social Psychology*, 1989, 57 (3): 426-441.

Lee, David S. "Wage Inequality in the United States During the 1980s: Rising Dispersion or Falling Minimum Wage?" *Quarterly Journal of Economics*, 1999, 114 (3): 977-1023.

Lee, D. , Rupp, N. G. "Retracting a Gift: How Does Employee Effort Respond to Wage Reductions. " *Journal of Labor Economics*, 2007, 25: 725-761.

MacLeod, W. B. , Malcomson, J. M. "Implicit Contracts, Incentive Compatibility, and Involuntary Unemployment. " *Econometrica*, 1989, 57 (2): 447-480.

MacLeod, W. B. , Malcomson, J. M. "Motivation and Markets. " *American Economic Review*, 1998, 88 (3): 388-411.

MacLeod, W. B. , Nakavachara, V. "Can Wrongful Discharge Law Enhance Employment?" *Economic Journal*, 2007, 117: 218-278.

Manacorda Marco. "Can the Scala Mobile Explain the Fall and Rise of Earnings Inequality in Italy? A Semiparametric Analysis, 1977-1993. " *Journal of Labor Economics*, 2004, 22 (3): 585-613.

Machin Stephen. "The Decline of Labor Market Institutions and the Rise in Wage Inequality in Britain. " *European Economic Review*, 1997, 41 (2 - 5): 647-658.

Markus Gangl. "The Only Way Is Up? Employment Protection and Job Mobility among Recent Entrants to European Labour Markets. " *European Sociological Review*, 2003, 19 (5): 429-449.

Maréchal, M. , Thöni, C. "Do Managers Reciprocate? Field Experimental Evidence from a Competitive Market. " In SSRN eLibrary: SSRN, 2007.

Maskin Eric, Partha Dasgupta, Peter Hammond. "The Implementation of Social Choice Rules: Some General Results on Incentive Compatibility. " *The Review of Economic Studies*, 1979, 46 (2): 185-216.

Maskin Eric. "Mechanism Design: How to Implement Social Goals." *American Economic Review*, 2008, 98 (3): 567-576.

Maskin Eric and J. Tirole. "Unforeseen Contingencies and Incomplete Contracts." *Review of Economic Studies*, 1999, 66: 83-114.

Maskin Eric and J. Moore. "Implementation and Renegotiation." *Review of Economic Studies*, 1999, 66: 39-56.

Maskin Eric, Roberts Kevin. "On the Fundamental Theorems of General Equilibrium." *Economic Theory*, 2008, 35 (2): 233-240.

Mas, A. "Labor Unrest and the Quality of Production: Evidence from the Construction Equipment Resale Market." *Review of Economic Studies*, 2008, 75 (1): 229-258.

Messina Julian, Vallanti Giovanna. "Job Flow Dynamics and Firing Restrictions: Evidence from Europe." *Economic Journal*, 2007, 117 (521): F279-F301.

Michèle Belot. "Why is Employment Protection Stricter in Europe than in the United States?" *Economica*, 2007, 74 (295): 397-423.

Moore, J. and R. Repullo, 1988. "Subgame Perfect Implementation." *Econometrica* 56 : 1191-1220.

Mortensen, D., Pissarides, C. "New Developments in Models of Search in the Labour Market." In: O. Ashenfelter, D. Card, eds. *Handbook of Labour Economics*. Amsterdam: Elsevier Science, North-Holland, 1999, Vol. 3B.

Myerson Roger. "Optimal Auction Design." *Mathematics of Operations Research*, 1981, 6 (1): 58-73.

Myerson, Roger. "Optimal Coordination Mechanisms in Generalized Principal-agent Problems." *Journal of Mathematical Economics*, 1982, 10 (1): 67-81.

Myerson Roger. "Perspectives on Mechanism Design in Economic Theory." *American Economic Review*, 2008, 98 (3): 586-603.

Myerson, Roger. "Capitalist Investment and Political Liberalization." *Theoretical Economics*, 2010, 5 (1): 73-91.

Neumark David, William Wascher. "Minimum Wages and Training Revisited."

Journal of Labor Economics, 2001, 19 (3): 563-595.

Offerman, T. "Hurting Hurts More than Helping Helps." *European Economic Review*, 2002, 46 (8): 1423-1437.

Rabin Matthew. "Incorporating Fairness into Game Theory and Economics." *American Economic Review*, 1993, 83 (5): 1281-1302.

Riphahn Regina. "Employment Protection and Effort Among German Employees." *Economic Letters*, 2004, 85 (3): 353-357.

Rosen, S. "The Theory of Equalizing Differences." In: Ashenfelter, Layard, ed. *Handbook of Labour Economics*. Amsterdam: North-Holland, 1985.

Rosen, S. "Learning and Experience in the Labor Market." *Journal of Human Resources*, 1972, 7 (3): 326-342.

Ross, S. "The Economic Theory of Agency: The Principal's Problem." *American Economic Review*, 1973, 63 (2): 134-139.

Saint-Paul, G. "The High Unemployment Trap." *Quarterly Journal of Economics*, 1995, 110 (2): 527-550.

Saint-Paul, G. "The Political Economy of Employment Protection." *Journal of Political Economy*, 2002, 110 (3): 672-704.

Schiller, Bradley R. "Moving Up: The Training and Wage Gains of Minimum Wage Entrants." *Social Science Quarterly*, 1994, 75 (3): 622-636.

Shapiro, C., Stiglitz, J. E. "Equilibrium Unemployment as a Worker Discipline Device." *American Economic Review*, 1984, 74 (3): 433-444.

Shavell, S. "Damage Measures for Breach of Contract." *Bell Journal of Economics*, 1980, 11: 466-490.

Steve Bradley, Colin Green, Gareth Leeves. "Employment Protection, Threat and Incentive Effects on Worker Effort." In SSRN eLibrary: SSRN, 2010.

Simon Herbert. "A Formal Theory of The Employment Relationship." *Econometrica*, 1951, 19 (3): 293-305.

Smith, Vernon L. "An Experimental Study of Competitive Market Behavior." *Journal of Political Economy*, 1962, 70 (2): 111-137.

Smith, Vernon L. "Microeconomic Systems as an Experimental Science." *American Economic Review*, 1982, 72 (5): 923-955.

Spence, M., Zeckhauser, R. "Insurance, Information, and Individual Action." *American Economic Review*, 1971, 61 (2): 380-387.

Telser, L. G. "A theory of Self-enforcing Agreements." *Journal of Business*, 1980, 53 (1): 27-44.

Tirole Jean. *The Theory of Industrial Organization*. 1988, Cambridge : The MIT Press.

Tirole Jean. "Procurement and Renegotiation." *Journal of Political Economy* 1986, 94 (2) : 235-259.

Tirole Jean. "Incomplete Contracts: Where Do We Stand?" *Econometrica*, 1999, 67 (4): 741-781.

Tversky Amos, Kahneman Daniel. "Loss Aversion in Riskless Choice: A Reference-Dependent Model." *Quarterly Journal of Economics*, 1991, 106 (4): 1039-1061.

Victor Hiller. "Workers' Behavior and Labor Contract-An Evolutionary Approach." *Metroeconomica*, 2010, 61 (1): 152-179.

Wessels Walter. *Minimum Wages, Fringe Benefits, and Working Conditions*. Washington, D. C.: American Enterprise Institute for Public Policy Research, 1980.

Williamson, Oliver E. *Markets and Hierarchies, Analysis and Aantitrust Implications: A Study in the Economics of Internal Organization*. New York: Free Press, 1975.

Williamson, Oliver E. *The Economic Institutions of Capitalism*. New York: Free Press, 1985.

Williamson, Oliver E. "The Theory of the Firm as Governance Structure: From Choice to Contract." *Journal of Economic Perspectives*, 2002, 16 (3): 171-195.

Wiji Arulampalam, Alison L. Booth, Mark L. Bryan. "Training and the New Minimum Wage." *The Economic Journal*, 2004, 114 (March): C87-C94.

Wilson, R. "Investment Analysis under Uncertainty." *Management Science*, 1969, 15 (12): B650-B664.

Maching, S., Manning, A. "Minimum Wages, Wage Dispersion and Employment: Evidence from UK Wages Councils." *Industrial and Labor Relations Review*, 1994, 47 (2): 319-329.

后　记

本书是在我的博士论文的基础上补充修改完成的。

在书稿的写作修订过程中，得益于众多良师益友的无私帮助。

首先感谢我的导师李建标教授。李老师高深的学术造诣带我跨入学术的殿堂；睿智的思想使我可以把握学术的脉络；严谨的学术作风使我不敢懈怠。我的每一点进步、每一分成果，都离不开李老师的谆谆教诲。研究方向的确定、论文的选题、实验方案的设计和实施、书稿的撰写，无不凝聚着李老师的心血。李老师不仅仅是我的学业导师，其高尚的人格魅力也深深地影响着我。在此，谨向李老师致以最衷心的谢意。

感谢商学院院长李维安教授。李院长是公司治理大师，从先生处我学到了公司治理的精髓；感谢薛有志教授、周建教授、程新生教授、武立东教授、马连福教授、林润辉教授、袁庆宏教授、牛建波副教授、郝臣副教授，从他们的课程中我获得了大量宝贵的知识，推进了我的学术发展。

感谢李晓义博士后，李晓义博士后知识渊博，从其处我获得了颇多的知识与灵感；感谢张立党博士，类似的经历和追求，使我们共勉同行；感谢张斌博士、巨龙博士，同门三人研讨学术，受益颇多；感谢赵玉亮博士、任广乾博士、郑巴音博士、蒋神州博士、李朝阳博士、庞荣辉博士、汪敏达博士、王鹏成硕士、袁雪硕士、任雪硕士、徐塞硕士、李玮硕士、陈冠宇硕士，他们都对我的论文提出了宝贵建议。

最后我要感谢我的家人。感谢我的妻子王佳凤女士，为了我的学业，她独力持家，上敬父母，下育幼子，无怨无悔；感谢我的父母及岳父母大人，我常年在外，极少膝前尽孝，他们虽年过或年近古稀，但依然日夜劳作，以减轻我的压力；感谢我的兄弟姐妹，他们在父母膝前尽孝，无私地支持我的学业；感谢我的儿子王莘儒，幼子年少懂事，聪慧伶俐，自立能力强，使我可以安心学业，自己多年在外，少尽父爱，甚感愧疚。

感谢一切帮助过我的人。

王光荣

2014 年 9 月